深圳市
物流中心城市
建设路径研究

乐 著

人民交通出版社

北京

内 容 提 要

本书聚焦深圳市物流中心城市的建设路径，探讨在全球化背景下，深圳市如何凭借独特地理位置和发达的交通运输体系，推进物流、交通与产业融合。本书共7章，包括绪论、深圳市建设物流中心城市的现状分析、建设物流中心城市的国际经验、深圳市物流枢纽布局体系优化、深圳市多式联运服务网络构建、深圳市物流组织模式和行业管理体制机制创新、深圳市建设物流中心城市的发展建议。

本书旨在为深圳市物流中心城市建设提供策略指导，促进产业与城市协调发展，对物流行业从业者、城市规划师及相关政策制定者具有重要参考价值。

图书在版编目(CIP)数据

深圳市物流中心城市建设路径研究 / 于乐著.
北京：人民交通出版社股份有限公司, 2025.1.
ISBN 978-7-114-19981-3

Ⅰ. F259.276.53

中国国家版本馆 CIP 数据核字第 2025AR6053 号

Shenzhen Shi Wuliu Zhongxin Chengshi Jianshe Lujing Yanjiu

书　　　名：	深圳市物流中心城市建设路径研究
著 作 者：	于　乐
责任编辑：	郭晓旭
责任校对：	赵媛媛
责任印制：	张　凯
出版发行：	人民交通出版社
地　　　址：	(100011)北京市朝阳区安定门外外馆斜街3号
网　　　址：	http://www.ccpcl.com.cn
销售电话：	(010)85285857
总 经 销：	人民交通出版社发行部
经　　销：	各地新华书店
印　　刷：	北京虎彩文化传播有限公司
开　　本：	889×1194　1/32
印　　张：	4.5
字　　数：	81千
版　　次：	2025年1月　第1版
印　　次：	2025年1月　第1次印刷
书　　号：	ISBN 978-7-114-19981-3
定　　价：	68.00元

(有印刷、装订质量问题的图书，由本社负责调换)

深圳市

当前已经形成了一套完整的物流体系
未来的物流中心城市建设应积极探索物流与产业、交通、
信息等多个领域的深度融合
从而进一步推动港口、产业和城市的协调发展

前言
PREFACE

随着全球化和经济一体化的加速发展,物流产业已成为推动城市经济增长的重要力量。深圳市,作为中国南部最重要的跨境物流中心之一,凭借其得天独厚的地理位置、完善的交通基础设施和蓬勃发展的经济活力,正致力于建设成为全球领先的物流中心城市。本书正是在这一背景下应运而生,旨在深入探讨深圳市物流中心城市建设的路径与策略,为相关政策制定和实践操作提供理论依据和决策支持。

近年来,国家对粤港澳大湾区及中国特色社会主义先行示范区的建设提出了明确要求,强调要将深圳市打造成为国际化、现代化、创新化、智能化的综合交通枢纽和全球物流中心。这一战略定位不仅赋予了深圳市新的历史使命,也为深圳市物流产业的发展指明了方向。然而,在建设物流中心城市的过程中,深圳市仍面临诸多挑战,如物流枢纽布局体系的功能和定位有待优化、多式联运服务网络的效率和质量有待提高等。因此,本书从深圳市物流中心城市建设的实际出发,结合国内外物流行业的研究动态和先进经验,系统分析了深圳市物流中心城市建设的必要性、现实基础及存在的问题，并提出了针对性的发展建议。

首先阐述了深圳市建设物流中心城市的背景和意义，然后通过对国内外物流行业研究动态的梳理，明确了深圳市物流产业尚需解决的问题。接着，深入分析了深圳市物流中心城市建设的现实基础，包括物流基础设施、城市建设规划及存在的问题等。在此基础上，借鉴了孟菲斯、鹿特丹等著名物流中心城市的建设经验，为深圳市物流中心城市建设提供了有益的参考，并探讨了深圳市物流枢纽建设现状、多式联运基础设施建设及物流组织模式创新路径等问题。最后，从政府、企业、行业协会等多个角度提出了深圳市物流中心城市建设的具体路径和措施。

本书在物流领域具有较高的学术地位和实践价值。它不仅填补了深圳市物流中心城市建设路径研究方面的空白，还为相关政策制定和实践操作提供了理论依据和决策支持。本书的主要特色在于：一是紧密结合深圳市物流中心城市建设的实际需求，提出了针对性的发展建议；二是借鉴了国内外先进经验，为深圳市物流中心城市建设提供了有益的参考；三是注重理论与实践相结合，既分析了深圳市物流中心城市建设的理论基础，又探讨了具体的实践路径。

本书的素材来源广泛，包括国内外相关文献、政策文件、统计数据及实地调研资料等。在编写过程中，本书充分借鉴了前人的研究成果和实践经验，并结合深圳市的实际情况进行了深入分析和总结。

本书的出版受到深圳技术大学学术著作出版基金（2024年度）的资助。在写作过程中，哈尔滨工业大学谢秉磊教授提出了许多建设性意见，深圳技术大学的谢春慧、陈晓蕊、刘睿思、钟诗雯、卢智滨和王琼珊等同学在资料收集方面做出了许多贡献，在此一并深表谢意。同时，本书在编写过程中，得到了许多专家学者、政府部门及企业界的支持和帮助。他们提供了宝贵的资料和数据，对本书的内容进行了深入的讨论和指正。在此，向他们表示衷心的感谢和崇高的敬意。此外，也要感谢所有为本书付出辛勤努力的编写人员和工作人员。他们的辛勤付出和无私奉献为本书的顺利完成奠定了坚实的基础。

尽管在编写过程中本人力求做到严谨、准确和全面，但由于时间和水平有限，书中难免存在不足之处。恳请广大读者批评指正，并提出宝贵的意见和建议。本人将虚心接受并不断改进，以期为读者提供更加优质、有价值的研究成果。

最后，衷心希望本书能够为深圳市物流中心城市的建设和发展贡献一份力量，为推动中国物流产业的转型升级和高质量发展做出积极的贡献。

于 乐

2024年12月8日

目录
CONTENTS

1 绪论 / 001
    1.1 深圳市建设物流中心城市的必要性 / 002
    1.2 深圳市物流产业发展的现状 / 004
    1.3 国内外物流行业研究动态 / 005
    1.4 本书主要内容 / 009

2 深圳市建设物流中心城市的现状分析 / 013
    2.1 物流中心城市的相关概念 / 014
    2.2 深圳市物流中心城市建设的现实基础 / 015
    2.3 深圳市物流中心城市建设中存在的问题 / 019

3 建设物流中心城市的国际经验 / 023
    3.1 鹿特丹物流中心建设经验分析 / 024
    3.2 孟菲斯物流中心建设经验分析 / 031

4 深圳市物流枢纽布局体系优化 / 039
    4.1 深圳市物流枢纽发展现状分析 / 040

4.2 深圳市物流枢纽布局影响因素分析 / 047
4.3 物流枢纽功能评估分类体系构建 / 060
4.4 深圳市物流枢纽布局优化建议 / 068

5 深圳市多式联运服务网络构建 / 075
5.1 深圳市多式联运服务网络发展现状 / 076
5.2 深圳市多式联运服务网络构建体系 / 085
5.3 深圳市多式联运服务网络发展策略 / 090

6 深圳市物流组织模式和行业管理体制机制创新 / 099
6.1 深圳市物流组织模式和管理体制机制现状分析 / 100
6.2 深圳市物流组织模式创新路径 / 112
6.3 深圳市物流行业管理体制机制创新 / 116
6.4 推动深圳市物流服务标准化建设路径 / 120

7 深圳市建设物流中心城市的发展建议 / 123
7.1 发挥政府主导作用,提供政策支持 / 124
7.2 完善基础设施,构建物流枢纽中心 / 125
7.3 培育龙头企业,带动产业链、供应链 / 125
7.4 加强物流人才培养和科研创新能力 / 126
7.5 打造绿色物流,推动可持续发展 / 127

参考文献 / 128

1

绪 论

1.1 深圳市建设物流中心城市的必要性

1.1.1 粤港澳大湾区和中国特色社会主义先行示范区建设的需要

建设粤港澳大湾区、支持深圳市建设中国特色社会主义先行示范区，是习近平总书记亲自谋划、亲自部署、亲自推动的重大国家战略。国家在相关规划文件中明确提出，要把深圳市打造成为国际化、现代化、创新化、智能化的综合交通枢纽和全球物流中心。深圳市作为中国南部最重要的跨境物流中心之一，拥有得天独厚的地理位置和发展优势。同时，中国特色社会主义先行示范区建设的目标也是要发挥深圳市的引领作用，探索新时代中国特色社会主义建设的新路径。建设物流中心城市是深圳市实现这一目标的重要手段之一。

1.1.2 联通国内国际双循环，深度融入"一带一路"建设的需要

中国是全球最大的货物贸易国，中国物流业的国际化进程已经逐步加快。而深圳市作为中国改革开放的前沿，需要更加紧密地融入国际经济，进一步提高其对外贸易和物流业务的水平，实现国内与国际双循环的联通。深圳市不仅拥有

良好的国内物流网络，而且也处于重要的21世纪海上丝绸之路核心区。深圳市建设世界级物流中心城市，有助于响应"一带一路"倡议，为深圳市与海外市场之间的贸易往来提供更为便捷和高效的支持。

1.1.3 加快推进"交通+物流+产业""港产城"融合发展的枢纽经济新模式的需要

在全球化和经济高速发展的背景下，交通、物流和产业的融合发展已成为推动城市经济快速发展的关键。在这个过程中，建设物流中心城市显得尤为重要。深圳市因其地理位置的独特优势，成为连接国内外的重要交通枢纽。基于公路、水运、航空、铁路等多种运输方式，深圳市当前已经形成了一套完整的物流体系，未来的物流中心城市建设应积极探索物流与产业、交通、信息等多个领域的深度融合，从而进一步推动港口、产业和城市的协调发展。

1.1.4 推动物流组织模式和行业管理体制机制创新的需要

当前，随着信息技术的不断发展，物流业的组织模式和管理体制机制也在不断地发生变化。而深圳市要建设具有全球影响力的物流中心，必须要顺应这一趋势，加强对物流业的组织和管理，推动物流业的创新发展。这不仅有利于提高物流服务水平和效率，还有助于推动物流业的转型升级、加快深圳市中国式现代化进程。

1.2 深圳市物流产业发展的现状

深圳市作为中国改革开放的先行者之一，其物流产业的发展也颇具特色和优势。深圳市现有各类物流园区300余个，其中涵盖高新技术物流、普通物流、保税物流、特种物流、冷链物流等多个领域。这些园区都拥有大型的仓库、货场、码头等设施，为企业提供了良好的存储和物流配送条件。此外，深圳市的交通基础设施十分完善，为物流产业的发展提供了强有力的支持。深圳宝安国际机场是该市唯一的国际机场，拥有广泛的航线网络，能够直达全球60多个国家和地区。深圳港是中国最为繁忙的港口之一，年货物吞吐量超过2000万标准箱（TEU），位居全球第四大集装箱港口。除此之外，深圳市还拥有广深铁路、京九铁路、粤海铁路等多条主要铁路干线，形成了覆盖全国的铁路运输网络。深圳市的公路网络同样发达，全市共拥有68条高速公路，总里程超过1300km，构建了覆盖全国的公路运输体系[1]。丰富的现代化交通运输设施，使得物流服务能够更加全面和灵活。

深圳市物流网络完善，具有较强的配送能力。其港口物流、机场物流、铁路物流等多种物流模式有机衔接，构成了高效、便捷的物流网络。同时，积极推进物流信息化建设，建设了一批现代化物流信息平台,如深圳市物流信息平台、深圳市口岸通关一体化平台等,实现了信息的共享和物流操作的快速高效。2022年全市物流业增加值达3302.23亿元,构建成"7+30+N"三级物流场站体系[2]。深圳市的物流公司不仅是单纯的国内物流服务提供商,更是全球化物流供应链的参与者和推动者。

除此之外,深圳市还非常注重物流服务的标准化和规范化建设。为了提高物流服务质量,深圳市制定了一系列标准和规范,如《深圳市物流园区规划标准》《深圳市物流服务标准》等,以确保物流服务的高效、安全和可靠。此外,深圳市还在推行电子商务物流标准化建设,引入先进的物流信息技术,提升电商物流服务质量,推进产业升级和转型。

综上所述,深圳市的物流产业已经形成了集成配送、物流园区、多式联运、电商物流等特色,为深圳市成为全球物流中心城市打下了坚实的基础。

1.3 国内外物流行业研究动态

当前国内外关于物流中心建设的研究主要集中于以下几个方面:

(1)物流中心设施和路径规划。Hou L 等[3]研究了车辆配送和装载路径中的目标路线建模方法,包括目标、决策变量、约束和求解技术。Ambrosino D 等[4]提出了基于车辆路径问题（VRP）算法的路径优化准则分类。Zhang L 等[5]讨论了物流中心建设的经典案例，讨论了设施建设的计算方法及其不确定性。Li M 等[6]建立了双目标优化模型来解决实时路况下整合物流的多中心混合车队问题。杨洁等[7]基于遗传算法提出了两种和时间推理相结合的多自动导引车（AGV）路径规划模型，刘琳等[8]采用两阶段启发式算法，解决多产品、多车型情景下的配送中心选址-路径优化问题。李珍萍等[9]结合城市物流共同配送体系两层级、多中心、多车型等特点，研究了两层级共同配送选址-路径问题。

（2）物流枢纽布局体系。Jian Z 等[10]以中欧班列为例，提出改进的禁忌搜索算法，重新设计公铁联运模式下的物流网络，为枢纽选址和布局决策提供支持。Sonja M 等[11]使用优化模型指导城市物流枢纽设计，以便不同的快递和包裹服务提供商（CEP）合作。吴桐雨等[12]从网络结构特性及节点物流运行能力角度揭示多层物流网络的复杂性特征。蒋自然等[13]采用空间分析、基尼系数等方法揭示枢纽的空间格局及演化特征，探究中国陆港型物流枢纽发展的主要驱动因素。王英辉等[14]结合变分不等式与拉格朗日乘子构建整合运输模型，验证第四方物流对枢纽整合的优化作用。姚冠新等[15]构建了物流枢纽服务与综合交通运输一体化发展的系统动力学模型，从运输结构、投资系数、投资效果系数、设备增长率与就业人数增长率等角度展开了仿真优化分析。

（3）联运服务网络。Jan Philipp Müller 等[16]提出了混合整

数线性规划公式，进行了具有短期调度修正的随机服务网络设计。Dezhi Z 等[17]考虑了运输成本、运输时间、碳排放和物流服务时间窗口约束，建立了最小化物流联运服务网络总成本的模型。毛保华等[18]提出了基于各方式运输时间效率及碳排放的收益清算方法，通过权重系数来满足不同联运环境下收益清算的需要。张晓晴等[19]基于数据论证，科学合理地判断了舟山发展国际船舶燃料油供应的潜在市场规模。

（4）物流组织模式和行业管理体制。Zolkin A L 等[20]运用物联网技术建立供应链物流监控系统，Hou B 等[21]基于技术-组织-环境（TOE）理论模型，建立了一个模型来研究企业实施人群物流的意愿影响因素。薛佳艺等[22]提出在物流管理中落实生态环保概念、挖掘企业潜能的方法。蒋思等[23]以物流中心为研究对象，对其运行管理及减排措施进行综述，以期促进物流企业能源利用提质增效。刁姝杰等[24]建立了以期望效用最大化为目标的港口联合决策模型，求解最优质押率与物流服务努力水平。

综合国内外研究现状以及先进物流中心城市的建设经验，深圳市物流产业尚有以下方面的问题有待解决：

（1）建设物流中心城市的路径和措施有待明确。尽管深圳市已经成为国内重要的物流中心城市之一，但如何深化物流业发展、推动深圳市成为全球重要的物流中心城市，路径和措施尚需进一步明确。例如，如何进一步提高物流服务水平和降低成本，如何加强区域物流协同发展，如何优化物流资源配置等问题，都需要深入研究。

(2)物流枢纽布局体系的功能和定位有待优化。目前,深圳市的物流枢纽布局较为分散,需要建立科学合理的布局体系,统筹规划物流节点,明确功能定位,提高资源利用效率。同时,应该推动物流节点的融合和协同,打造更加高效、智能的物流网络,提高物流配送的准确性和速度,提升城市物流发展的水平和质量。

(3)多式联运服务网络的效率和质量有待提高。当前,深圳市物流多式联运服务网络存在一些问题和挑战,货运组织效率低、信息化程度不高、运输安全风险较大等都是亟须解决的问题。物流中心城市的建设需要加强对多式联运服务网络的建设和管理,降低成本,提高运输效率和服务质量。应该加大对多式联运技术和设施的投入,完善物流网络和运输设施,推动多式联运与信息技术的融合发展,实现物流运输的智能化和数字化。

(4)物流组织模式和行业管理体制机制有待创新。深圳市的物流产业也需要不断创新,特别是在物流组织模式和行业管理体制机制方面。应通过对模式和体制的创新,实现加强物流企业的创新能力和核心竞争力、推动物流业的数字化和智能化、完善物流产业政策法规等战略目标。此外,物流产业的标准化和规范化水平也需要进一步提升,以提高整个产业的竞争力和可持续发展性。

1.4 本书主要内容

结合以上研究背景，本书主要内容从以下四个方面展开。

(1) 建设物流中心城市的国际经验。

孟菲斯、鹿特丹等城市是著名的物流中心城市，其建设经验值得借鉴和学习。孟菲斯通过其独特的地理位置和良好的物流基础设施，成功地成为美国的航空和公路货运中心；鹿特丹依托其深水港口、密集的道路网络和高效的多式联运服务，成为欧洲的重要物流中心。通过对这些城市的物流体系进行分析总结，从政策支持、资源整合、技术创新等方面总结其发展经验，为深圳市物流中心城市建设提供借鉴。

(2) 深圳市物流枢纽布局体系优化。

研究深圳市物流枢纽的历史发展过程，从时间和空间两个角度分析深圳市物流枢纽的演化特征，包括物流枢纽数量、位置、规模、功能等方面的变化；分析深圳市物流枢纽时空演化的驱动因素，包括政策因素、经济因素、社会因素、技术因素等；研究深圳市物流枢纽功能需求变化的特点，包括物流枢纽的主要功能、运输模式、业务类型等方面的变化，并通过对这些变化的分析，探讨它们对物流枢纽布局的影响，为深圳市未来物流枢纽的规划和建设提供决策依据。

对深圳市的物流枢纽进行功能分类，并对每种类型的物流枢纽进行功能特点分析,明确它们在物流网络中的作用、市场定位、服务范围、物流服务对象等;根据深圳市的实际情况,确定物流枢纽的功能定位,同时制定物流枢纽的优化策略。

(3)深圳市多式联运服务网络构建。

从深圳市的公路运输、铁路运输、水路运输、航空运输等多种运输方式的现状分析入手,深入探究深圳市多式联运服务发展现状和发展瓶颈。从多个方面构建深圳市多式联运服务网络,包括创新联运交接技术、打造多联快车组织模式、建立特殊大型的集装箱物流中心、加强港口基础设施建设、积极发展低空经济和优化公路疏港网络等。

打造高效先进的基础网络技术体系、智能协调的运载工具技术体系、安全共享的数据信息技术体系和快捷绿色的运输组织技术体系。从多式联运的基础设施建设、服务网络建设和组织模式管理等方面提出深圳市多式联运发展策略。

(4)物流组织模式和行业管理体制机制创新。

鼓励物流企业通过股权合作、兼并收购等方式实现集团化发展,从而实现规模效益和资源优化配置。建立物流产业园区:在深圳市设立物流产业园区,引导物流企业集聚,提供优惠政策和专业服务,促进物流企业的协同发展。加强物流信息共享:建立物流信息平台,实现各个环节的信息共享和数据交换,提高整个物流体系的效率和安全性。

制定统一的物流服务标准和指南,确保物流企业提供高质量、高效率的服务,实现对物流车辆的位置、行驶速度、负载等的监控，及时发现和解决运输过程中的问题；提供高效的物流配送服务，优化物流运作流程，降低物流成本，提高物流效率，减少能源消耗和环境污染。

2

深圳市建设物流中心城市的现状分析

2.1 物流中心城市的相关概念

2.1.1 物流中心城市的定义

物流中心城市是城市现代化和现代物流业发展的产物，是一种直观的经济地理现象。在物流中心城市中，各种物流活动在此集聚。不同于物流园区，物流中心城市所涉及的范围和领域更广，拥有大型综合运输枢纽、大量的物流企业和物流基础设施。在经济全球化背景下，物流中心城市在全球范围内涌现和发展，是物流领域的重要发展趋势，是全球产业链供应链的重要组成部分，是全球经济增长的重要推动力。

2.1.2 物流中心城市的优势

第一，规模经济优势。大量企业的物流配送中心及各种物流基础设施高度密集，使物流中心城市成为大量货物的集散中心，极大地提升了城市内各种物流活动的专业化和规模化水平。第二，效益效率优势。物流中心城市拥有完善的供应链体系，能为企业提供多种运输模式与物流服务选择，并能加强企业之间的物流联系，提高供应链的整体运行效率。第三，资源共享优势。物流中心城市的现代物流业发达，物流资源和要素丰富。在物流中心城市中，企业不仅可以共享城市的物流基础设施，而且可以共享其他企业建设的物流设施与设备，甚至可以共享商流、资金流、信息流。

2.1.3　物流中心城市的建设条件

第一，自然地理条件。地理优势和气候条件在物流中心城市的建设过程中扮演着重要的角色。例如孟菲斯、鹿特丹能成为全球著名的物流中心城市，离不开其独特的地理和气候条件的支撑。第二，物流基础设施。港口、公路、铁路、机场等是建设物流中心城市的不可或缺的条件。此外，由于物流中心城市往往处于不同运输方式的转换节点，不同运输设施之间的衔接尤为重要。第三，相关政策支持。政府在物流中心城市建设中起着关键性的作用，主要体现在基础设施建设投资、公共产品和服务提供、区域资源配置等方面。

2.2

深圳市物流中心城市建设的现实基础

2.2.1　自然地理条件

深圳市地处中国南部，珠江口东岸，东临大亚湾和大鹏湾，西濒珠江口和伶仃洋，南与香港特别行政区相连，北部与东莞市、惠州市接壤，是拥有海、陆、空口岸的综合性口岸城市，有着独特的地理优势。

独特的自然地理条件为深圳市海陆空交通运输网络的搭建提供了先天优势，并为建设物流中心城市创造了可能性。在水路运输方面，深圳市是中国南部海滨城市，辽阔的海域面积连接南海与太平洋。截至2024年底，深圳市已开辟8个港区，包括盐田港、蛇口港、罗湖港、妈湾港、大铲湾港、布吉港、前海港和黄田港。在陆路运输方面，深圳市的地形地貌以丘陵为主，其次为台地、平原、低山和阶地，为公路和铁路的建设降低了难度。截至2024年底，深圳市公路总里程已达到1300多公里，其中高速公路约1300km。承建的国铁、城际铁路总里程约已经超过300km。在航空运输方面，深圳市属亚热带季风气候，长夏短冬，极端恶劣天气较少，这为飞机的安全运行提供了良好的气候条件。深圳市的宝安国际机场是国际枢纽机场，也是世界百强机场之一。

2.2.2 物流基础设施

物流基础设施主要包括物流网络结构中的枢纽点、线和基础信息平台等。截至2023年底，深圳市已初步形成了辐射国内外的一体化综合交通运输体系，海、陆、空、铁齐全，资源配置集约，物流基础设施丰富且完善。

在公路与铁路方面，《深圳市干线道路网规划（2020—2035年）》明确提出，深圳市最终规划形成约2000km的干线道路，与2000km的轨道交通共同形成功能互补、空间协同的现代化综合交通设施体系，支撑深圳市双区建设及交通强国示范城市目标的实现。未来，深圳市将完善"八横十三纵"高快速路网体系，引领深港两地"双城三圈"发展新格局。

在港口方面，深圳港是华南地区超大型集装箱船舶首选港、全球第四大集装箱枢纽港。截至2024年，深圳港已开辟了超过150条集装箱国际班轮航线，涵盖全球多个重要港口。深圳港的集装箱航线网络遍布亚太、欧洲、美国、非洲等地区，极大巩固了深圳港作为全球重要港口之一的地位。这些航线可通达100多个国家和地区的300多个港口，并与热那亚等26个港口建立了友好港关系。此外，深圳港实现了与香港港的优势互补，加快粤港澳大湾区融入全球发展。

在机场方面，深圳宝安国际机场航线总数为188条，其中包括国内航线154条、港澳台地区航线4条、国际航线30条；通航城市有139个，其中包括国内城市108个、港澳台4个、国际城市27个；机场货运航点达到56个，其中国际及地区货运航点增加至35个。近年来，深圳市机场枢纽功能不断增强，2023年深圳宝安国际机场货邮吞吐量为160万t，位居国内货运量第一。

2.2.3 城市建设规划

中共中央、国务院、国家发展和改革委员会、深圳市委和市政府多次在有关城市建设发展规划的文件中提出将深圳市打造成为全球物流中心和国际性综合交通枢纽。同时出台相关政策推动深圳市物流基础设施建设，进一步完善海陆空一体化物流枢纽体系，促进现代物流业高质量发展。

深圳市是我国第一个经济特区和全球海洋中心城市。在"十四五"规划开局之年，中共中央、国务院发布《国家综合立体交通网规划纲要》，将深圳市定位为粤港澳大湾区枢纽集群核心城市、国际性综合交通枢纽城市，着力打造国际枢纽海港、国际航空枢纽等国际性综合交通枢纽港站。《现代综合交通枢纽体系"十四五"发展规划》将深圳市列入综合交通枢纽建设重点工程、水运设施网络建设重点工程、民用运输机场建设重点工程、综合交通网络衔接重点工程等。

2023年7月28日，国家发展和改革委员会发布2023年国家物流枢纽建设名单，深圳市作为生产服务型国家物流枢纽入选。此前，深圳市已于2019—2021年分别获批商贸服务型、空港型、港口型国家物流枢纽，本次生产服务型国家物流枢纽入选，使深圳市成为兼有商贸服务型、空港型、港口型、生产服务型四种类型国家物流枢纽的承载城市，对外开放门户枢纽地位进一步巩固，加快将深圳市建设为具有全球重要影响力的物流中心。深圳市"十四五"综合交通发展主要指标见表2-1。

深圳市"十四五"综合交通发展主要指标　　表2-1

序号	指标	单位	2020年	2025年	远景年	属性
1	机场旅客吞吐量	万人次	5293（2019年）	7000	10000	预期性
2	机场国际航线	条	60	100	—	预期性
3	港口集装箱吞吐量	万TEU	2655	3300	4100	预期性
4	LNG接收量	万t	957	1600	2400	预期性
5	LNG加注量	万m^3	0	80	220	预期性
6	邮轮旅客吞吐量	万人次	36（2019年）	60	200	预期性

续上表

序号	指标	单位	2020年	2025年	远景年	属性
7	铁路通车里程	km	194	300	1000	预期性
8	高快速路通车里程	km	595	670	1000	约束性
9	城市轨道通车里程	km	411	640	1000	约束性
10	港口水水集疏运占比	%	27.9	34	50	预期性
10-1	西部港区	%	36.6	40	55	预期性
10-2	东部港区	%	19.3	27	45	预期性
11	绿色交通出行分担率	%	78（2019年）	81	85	预期性
12	轨道交通800m人口岗位覆盖率	%	44	58	75	预期性
13	非机动车道里程	km	2059	3500	—	约束性
14	无人驾驶开放道路里程	km	144	1000	—	约束性
15	快递业务量	亿件	53.7	100	—	预期性
16	新能源机动车保有量	万辆	39.4	100	—	预期性
17	道路交通死亡率	人/万车	0.62	≤0.5	—	预期性

2.3 深圳市物流中心城市建设中存在的问题

2.3.1 物流国际化水平低

深圳市是我国首个将现代物流业作为支柱性产业的城市，其物流市场规模和效率位居全国前列。据深圳市交通运输局透露，2023年深圳市物流业增加值预计达3500亿元，同比增长6%。但是深圳市的全球连接能力明显不足，其物流产业缺乏国际竞争优势，具体表现为：相较于深圳市快速增长的国际贸易，其物流业还未能形成与之相匹配的供应链体系，滞后于全球物流业发展的进程，导致深圳市的物流业在国际市场中占有份额较低，多数进出口物流服务依赖于国外的跨国物流企业。

截至2024年，深圳市共有综合物流、供应链服务、仓储、运输配送、货运代理等类型物流企业约8万家，具有"海上快邮通道""空中快线""中欧班列"等物流路径。虽然深圳市国际物流企业可以给各类企业提供不同送达时效、不同物流成本、不同运输方式的立体化物流通道，但是缺乏规模优势，难以承担大型物流业务，效率较低、物流服务单一，难以打造功能多样的综合型物流产业链。

据统计，深圳市跨境电商出口企业数量超过15万家，上市企业已达10家，数量位居全国第一，是名副其实的跨境电商之都。2023年，深圳市跨境电商进出口额超3000亿元，同比增幅超70%。但是，深圳市尚未有一家具有全球投递能力的物流企业，而美国的孟菲斯拥有国际快递巨头公司联邦快递（FedEx）具有全球投递能力。

2.3.2 物流网络联动不足

深圳市具有强大的海陆空联运能力，已经形成海陆空联运的立体物流网络，但其系统性、综合性不强，网络化、组织化程度低，物流系统之间缺乏联动，呈现出分散、各自发展的态势。此外，由物流枢纽、物流园区、物流中心等组成的物流网络还不完善，干线之间，干线、支线之间，干线、支线与配送之间，支线与末端之间的联系仍较弱。因此，需要对物流网络进行系统的规划布局与优化升级，加强干线、支线、末线之间的联动。

物流基础设施是物流网络形成的基础之一，为物流网络提供了必要的支撑和条件。得益于深圳市现代物流业的发展和城市建设的发展规划，深圳市具有海陆空运输能力齐全的物流基础设施。但其物流基础设施存在结构性短缺、现代化设施比重低、不能满足综合型物流作业等问题，这使得物流网络之间难以高效衔接。

深圳市的重点产业体系为"4+7+5"结构，即四大支柱产业、七大战略性新兴产业、五大未来产业，其中现代物流业是深圳市的支柱产业之一，但就目前深圳市的物流网络发展现状而言，深圳市的物流业与其他产业的联动不足，全社会物流费用占地区生产总值的比重较高，物流效率低、渠道不畅通，严重制约现代物流业对其他支柱产业、战略性新兴产业和未来产业发展的促进作用。由于缺乏产业间的联动，物流业与相关产业存在不同程度、层次的供需结构性矛盾亟待解决。

2.3.3 物流业创新能力弱

物流业属于流通环节，其整体创新明显滞后于创新活跃度较高的生产制造环节和交易环节。深圳市虽然有众多物流企业，但是缺乏创新驱动力，大部分物流企业已形成产业惯性，对现有的物流服务体系进行优化升级的动机不强。这导致深圳市物流业与国际先进水平相比，在研发投入、商业模式、物流技术、组织管理等方面创新滞后。同时，深圳市物流业还面临来自跨国公司的技术壁垒、管理壁垒、人才壁垒等，这些壁垒不利于物流企业的创新发展。

深圳市的现代物流业发达，其物流业自动化、信息化、智能化水平走在全国物流业发展的前列。但是深圳市在物流信息化、智能化的长期发展战略上缺乏整体规划，缺乏高效的物流管理信息平台，尚未形成开放的公共物流信息平台体系。深圳市需要制定物流业发展的整体创新战略，通过技术更新、创新驱动、平台搭建来推进物流信息化和物流智能化建设，完善行业信息化智能化标准，统筹开发信息资源，培养现代物流人才，实现信息共享、一体化服务，保障"物畅其流"。

由于管理和技术的创新不足，深圳市物流业的不可持续问题突出。具体表现为：在管理上，物流企业缺乏绿色低碳理念，节能减排意识不强，导致过度包装、无效运输等问题严重；在技术上，物流企业的循环物流发展滞后，资源利用效率低，对物流作业的清洁技术和设备投入不足，这使得物流作业过程对环境造成了较大的损害，不利于绿色物流的发展。

3

建设物流中心城市的国际经验

3.1
鹿特丹物流中心建设经验分析

3.1.1 现代化基础设施和综合集疏运体系

3.1.1.1 基础设施建设方面

鹿特丹地处莱茵河和马斯河的入海口，西依北海，东与莱茵河、多瑙河相接，与里海相通，濒临多佛尔海峡，是连接欧洲内陆与世界各地的重要枢纽以及欧盟的货物集散中心，运往西欧各国的原材料及产品都需从此经过。优越的地理位置使鹿特丹成为供应链上天然的节点。自然地理位置虽然在物流中心城市的建设过程中扮演着重要的角色，但是物流中心城市的形成还需要投资大量基础设施建设。

鹿特丹拥有丰富的天然水道，但这些水道已经无法满足大型船只航行的要求，大型集装箱船、超级油轮和散装船等需要鹿特丹加深原有的吃水线。为应对船只大型化的趋势和更深航道的要求，鹿特丹将曲折的自然河道改造成笔直的人工深水航道，增建防洪堤坝以预防风暴和洪水的侵扰。目前，鹿特丹港的航道最大水深达24m，可泊54.4万t的超级油轮。为保持在物流业中的竞争优势，鹿特丹建造了更多、更大的运河，这些运河增添了新的航线和航运捷径。此外，鹿特丹还积极建设公路、铁路、管道和航空港等陆地基础设施。

3.1.1.2 港口技术创新方面

鹿特丹有着出色的港口管理经验，鹿特丹港的崛起与兴盛是最好的印证。在全球化日益深化的今日，世界各国也逐渐重视起本国的港口开发与建设。鹿特丹在港口技术创新领域仍属于全球的标杆，这得益于鹿特丹对自身发展战略定位，其关键目标是将鹿特丹港打造为世界一流的智能港口、绿色港口。鹿特丹在港口技术方面的创新主要体现在以下两方面。

一方面，鹿特丹利用现代信息技术、自动化技术和智能化机械设备来提升港口运营的智能化和柔性化水平。同时，鹿特丹利用大数据、物联网、智能控制、智能计算等技术手段，实现了码头前沿水平运输作业、堆场内作业、道口进出等全过程的自动化和一体化控制。另一方面，鹿特丹还注重港口与配套物流设施的协同联动，打造港口物流链全程信息服务体系，为客户提供多方业务协作及运营基础平台。

为紧跟智能港口的建设步伐，近年来鹿特丹大力投资建设新型港口推进现有港口基础设施的改造升级。同时，为实现港口管理智能化和港口价值链信息资源集中统一管理，鹿特丹建立了港口大数据中心。2015年鹿特丹的马斯莱可迪二期港区正式投入使用，该码头可实现全自动化和远程控制，到2035年该港区全部建完后，码头运营效率可提升50%

以上。

3.1.1.3 集疏运体系构建方面

鹿特丹是欧洲最重要的物流中心之一，每天都有数以百计的商品从此流经，进入荷兰和欧洲各国。纵横交错的运输路线和方向各异的目的地需要有一个高效的集疏运体系作为支撑。集疏运体系包括服务经济腹地的运输网络和港区内部的运输系统。鹿特丹在港区建设规划初期，便考虑了整个城市的交通布局。在多方努力下，鹿特丹已成功构建了由公路、铁路、管道、河道、海运和空运构成的集疏运系统。

在公路方面，鹿特丹的公路网四通八达，可将其与欧洲所有的大城市连接起来。在铁路方面，为提高运输效率，鹿特丹修建了多条港口铁路，几乎每天都有大量的集装箱列车从鹿特丹出发向欧洲各地发车。在管道方面，鹿特丹炼制的石化产品可以通过地下长达1500km的管道网输送至欧盟各国。强大的集疏运体系使鹿特丹能够提供储、运、销一条龙的物流服务。

3.1.2 港口与城市的一体化发展

3.1.2.1 港口发展方面

鹿特丹港的发展经历了从转口港到综合性枢纽港的过程。在建港初期，鹿特丹港以渔业为主，伴随着简易的商品交易逐步成为商品港。随后，在欧洲工业革命的影响下，以运输煤炭、铁矿石等工业原材料为主的航运业得到迅速发展。第二次世界大战结束后,鹿特丹港进行了重建,临港产业随之兴起并成为港口经济的主体部分。进入20世纪60年代以后,鹿特丹港更加注重港口的智能化、绿色化发展,促进港口与城市的良性互动。

鹿特丹港的发展历程充分彰显了"以港兴产,产兴促城,港城互动"。"以港兴产"表现为,随着鹿特丹港的兴起和各种港口产业的集聚,关联产业和腹地经济得到带动发展。"产兴促城"表现为,临港产业与鹿特丹腹地区域其他产业的联动以促进城市经济迅速发展。"港城互动"表现为,港口通过庞大的临港产业体系反哺城市发展,城市通过为港口提供技术、人才、空间等资源推动港口优化升级,实现港城的和谐共生。

3.1.2.2 港城融合方面

鹿特丹是荷兰的第一大工业城市,城市发展的历程伴随着鹿特丹港的崛起和兴盛。鹿特丹港作为欧洲最大的海港,每年为鹿特丹带来了庞大的贸易量,对鹿特丹有极强的反哺作用,创造了世界港城一体化发展的奇迹。鹿特丹坚守"城以港兴,港为城用"的原则,发挥临近港口的优势,大力发展港口经济,以带动城市经济的发展。

在鹿特丹港发展前期,港口与腹地之间的关联产业主要是依港口而生的小型制造业和相关服务业。到19世纪,石化、临港工业的兴起,港口与腹地的产业联系进一步加强。进入20世纪20年代后,伴随着经济全球化,鹿特丹港的贸易业务在全球范围内进一步扩大,出现了以金融保险、物流代理、旅游观光等为代表的新兴产业，这为港口带来了新的发展机遇，同时港口关联产业也日益成为城市经济发展的重要组成部分。港城之间的良性互动和融合发展，使鹿特丹成为一个产业、技术、资金高度密集的经济综合体和世界重要的物流中心。

3.1.2.3 发展政策方面

鹿特丹作为港城融合发展的典型案例，其成功的背后离不开政府提供的良好政策环境支持。这些政策包括统一规划港口物流布局、出台港口产业促进政策、创新港口管理模式、鼓励自由贸易等。鹿特丹港务局在港区建设初期，对港区内的码头、土地、道路和其他基础设施进行统一开发，同时将港口内部的物流与城区交通枢纽对接，形成港城之间完整的物流链。港务局也制定了一系列政策，鼓励本国企业发展临港产业，对跨国企业也一视同仁，实行不歧视政策，吸引了一大批跨国企业在鹿特丹设立全球或地区总部。

在自由贸易政策方面，鹿特丹积极营造良好的营商环境，简化入关手续，实施贸易便利化措施，吸引了大量的过境贸易。为促进进口商在鹿特丹的贸易业务，鹿特丹海关对符合相关规定的商品免收关税、增值税和消费税。此外，对部分货物（如原材料、半成品、制成品等）实行不同的减税、免税政策，这为进口商节省了大量的现金流。贸易自由化在推动荷兰本国企业和商品走出国门的同时，也吸引了世界各地更多的企业来荷投资，使荷兰的物流服务可以辐射至全球更多国家和地区。

3.1.3 港口物流与腹地临港产业联动发展

3.1.3.1 临港产业体系方面

鹿特丹凭借临近港口的优势，大力推动临港工业发展，对港口建设及区域经济有极强的反哺作用。鹿特丹港是运输模式转换的节点，大部分商品抵港后会在此转换运输方式，再进行下一步的流通，这使得鹿特丹的产业涉及很多物流作业，有更多的增值活动。自20世纪60年代鹿特丹港成为世界第一大港之后，越来越多的商业活动在此聚集，各种保税仓库、保税港区和物流园区先后成立，形成了完善的临港工业，带动了鹿特丹和周边城市的发展。

鹿特丹的临港产业种类丰富多样，不仅有炼油、钢铁、石化加工、食品加工、机械制造、船舶制造等临港工业，而且还有海运代理、水利技术、废物回收、金融保险等其他临港服务业。鹿特丹也十分注重物流园区建设，目前已投入运营的物流园区有埃姆、博特莱克和马斯莱可迪三个物流园区。这些物流园区可以帮助鹿特丹吸引更多的到港货物在此进行物流增值活动，而不是简单的货物转运。鹿特丹临港产业体系的形成离不开主管部门的精心布局，临港产业的集聚可以促进资源的有效利用，产生规模效应，并将带动区域经济的发展。

3.1.3.2 配套物流体系方面

鹿特丹贯彻"以大规模的临港产业带动物流业"的思路推动港区发展。自20世纪80年代以来，鹿特丹港务局将发展港口物流设为重点任务之一，同时紧跟国际航运业和国际市场的发展步伐，持续提升港口的集装箱吞吐能力，使鹿特丹成为全球最重要的物流中心之一。随着临港产业的集聚和物流园区的成立，鹿特丹对港口及区域物流资源进行整合优化，不仅完善港口综合服务功能，而且建立了专业化的港口物流高端服务市场。

鹿特丹强大的集疏运体系使其创造了独特的港口物流运作模式——地主港物流中心模式。该模式的特点是港口腹地工业形成物流链，物流中心配套设施齐全，实现物流作业规模化、专业化，运作效率高。鹿特丹的配套物流体系促进了临港产业和区域经济的快速发展，而港区内丰富的货源，众多的跨国企业为港口物流的发展提供了强大的支撑。

3.1.3.3 其他腹地产业方面

鹿特丹在发展临港产业的同时，也积极推动其腹地内其他产业的发展，加强产业之间的联动，形成强大的腹地经济效应。鹿特丹港是欧洲第一大港口，鹿特丹是一座著名的旅游城市，这里有着浓郁的文化气息，每天都有成千上万来自世界各地的游客到此体验独特的港口风景，使鹿特丹的旅游业发达。鹿特丹还凭借其在世界港口上的卓越地位，打造文化产品知识产权（IP），自1990年起定期举办世界港口节，吸引世界各地的企业代表、专家学者和游客参加,为鹿特丹带来了巨大的经济、人流、物流效益。

3.2
孟菲斯物流中心建设经验分析

3.2.1 打造内陆枢纽中心城市

3.2.1.1 自身区位优势方面

孟菲斯作为美国中部的一个内陆城市,之所以能在短时间内吸引以联邦快递为代表的世界知名物流企业入驻,并成为全球第一大航空货运枢纽城市,是因为其自身所具有的独特区位优势,包括恰到好处的地理位置和可靠的气候条件。

在地理位置上,孟菲斯地处美国中部,从此地区出发到达美国经济活跃的东部地区和西部地区距离适中,同时也可以兼顾美国的南部地区和北部地区。依托地理优势,从孟菲斯到美国东、西、南、北各地区可以优化飞行计划,特别是东西两岸的航程几乎覆盖了美国所有大中城市。美国作为世界上国土面积第四大的国家,在经线上横跨了多个时区。孟菲斯位于美国的中部时区,可以利用与东西海岸的时差交错设计航班抵港时间,从而避免孟菲斯机场的拥堵。

在气候条件上,孟菲斯靠近密西西比河三角洲地区,夏季炎热潮湿,冬季温和多雨,极端天气较少。由于地处美国中部，孟菲斯可以避开北部的暴风雪，受南部墨西哥湾飓风的冲击较小，也可以避开西部龙卷风的侵袭，远离极端天气的威胁。

3.2.1.2 经济模式转变方面

孟菲斯所属的田纳西州是传统的农业州，孟菲斯及其周边地区是棉花、小麦和大豆等农业生活资料的主要生产区，19世纪的孟菲斯曾一度为美国的棉花交易中心。随着现代信息技术和现代服务业的崛起，孟菲斯作为传统原料产地逐渐被边缘化，经济发展也停滞不前。为解决这一严峻问题，当地政府及时转变发展思路，顺应时代潮流，推动孟菲斯经济模式的转型升级。

1973年，在孟菲斯政府的努力下，联邦快递将总部从阿肯色州小石城搬到了孟菲斯，从此开启了孟菲斯机场与联邦快递的互惠互赢、相互成就。孟菲斯以联邦快递为龙头，抓住航空货运蓬勃发展的契机，通过业务创新吸引物流企业集聚形成产业群，最终形成了以航空货运为核心的经济发展模式。孟菲斯机场与产业链、供应链的协同互动也推动了科技服务类企业汇聚于此。

3.2.1.3 建设物流枢纽中心方面

孟菲斯充分发挥其区位优势，大力发展机场、公路、铁路、内河等多交通方式联运体系，形成了以航空物流为核心，水、陆、空多式联运的发展格局。在航空方面，孟菲斯位于美国国内航线网络的中间地带，美国152个大城市达到孟菲斯仅需半天。在公路方面，孟菲斯的公路与横穿美国东西南北各个方向的公路相连，有7条高速公路在孟菲斯相交，可以在10h内抵达美国大部分地区。在铁路方面，孟菲斯是美国第三大铁路中心，并且火车站靠近密西西比河，有利于水陆联运。在水路方面，密西西比河纵贯孟菲斯市区，处在美国南北水上通道咽喉的位置，是美国最为重要的内河枢纽港之一。

联系东西、沟通南北的综合交通运输网络的形成，使孟菲斯成功打造了一个集海陆空于一身的多式联运系统，使孟菲斯成为全美重要的交通枢纽和运输中心。物流枢纽中心的成功建设，使孟菲斯4h的经济交通圈涵盖了美国100多个大中小城市，交通物流畅通无阻，孟菲斯也成为内陆枢纽中心城市的典型。

3.2.2 构建世界级航空货运枢纽

3.2.2.1 孟菲斯机场方面

孟菲斯机场地处美国南部的中间地带，是美国最大的航空货运枢纽，是联邦快递总部所在地和UPS的转运中心，也是全球最繁忙的货运机场之一，每天处理大量的快递货运业务。孟菲斯机场开创了机场与核心物流企业高度配合的发展模式。机场为联邦快递提供了充足的场地和完备的配套设施。联邦快递则利用机场、超级转运中心和轴辐式网络加强其在运输时效和成本方面的竞争力，并带动机场成为全球最大的货运机场之一。孟菲斯机场与联邦快递的相互成就，促成了孟菲斯从田纳西州小城向世界级航空大都市的华丽转变。

3.2.2.2 联邦快递（FedEx）方面

联邦快递由费雷德·史密斯于1971年在美国阿肯色州小石城创立。史密斯设想通过轮辐型系统，将所有包裹在夜晚汇聚于同一个地方，快速分拣后在凌晨发送至目的地。但由于政策对空运航线的限制，该设想过于超前，因此在一开始并未受到支持。同时小石城多雾，不利于夜间飞行，这对"隔夜快递"而言是致命伤。小石城政府也缺乏远见，不愿意提供建设机场所需的土地和资金，因此联邦快递成立初期举步维艰。

1973年联邦快递的发展迎来了新的契机。孟菲斯区位优势显著，具有极大的航空货运发展潜力，更为重要的是孟菲斯政府对联邦快递诚意十足。为吸引联邦快递入驻，孟菲斯政府不仅提供充足的土地，而且为其解决了资金问题。1973年联邦快递总部成功入驻孟菲斯。1975年联邦快递实现盈利，1978年公开上市，由此公司发展开始进入快车道。联邦快递独创的"隔夜快递"模式在全球范围内掀起了一场货运革命，其全货机大集散中心模式重塑了美国货运市场的格局。

3.2.2.3 物流产业集群方面

孟菲斯机场与联邦快递的互相成就，带动了区域内物流管理、仓储运输、货运代理等企业的集聚，使孟菲斯不仅成为吸引产业集聚的物流和供应链平台，更成为美国乃至全球重要的航空货运枢纽和物流中心城市。目前，孟菲斯已经聚集了以 FedEx、UPS、DHL 为代表的航空物流，以 New Breed、西门子医疗解决方案等为代表的第三方物流，物流产业集群驱动地区经济发展的效果显著。

此外，孟菲斯还成立了世界著名的物流教育机构——孟菲斯大学物流研究所，致力于推动供应链管理和物流领域的研究、教育和实践，每年为孟菲斯培养了大量的物流人才。

3.2.3 建设航空城经济区形成空港产业群

3.2.3.1 航空货运产业方面

孟菲斯机场是全球最大的货运航空港，也是联邦快递的全球枢纽基地。一方面，联邦快递为机场带来每月5000次的货运航班数量。另一方面，联邦快递在机场设有超级转运中心，高度自动化的分拣系统的分拣能力超过50万件/h。孟菲斯机场每年处理超百万吨的货物，是世界上最繁忙的货运机场之一。

孟菲斯以高效的货运操作和优越的区位条件而闻名，是全球航空货运产业的重要中心。许多知名的货运航空公司在孟菲斯均设有重要的运营基地和转运中心，包括FedEx、UPS、DHL等。这些公司通过孟菲斯进行全球范围内的货物运输，为各种类型的货物提供高效、便捷、安全、可靠的空运服务。孟菲斯还聚集了众多物流和运输企业，包括货运承运商、航空货运代理、地面运输公司等，已经形成了一个完整的航空货运产业生态系统。

3.2.3.2 空港产业群方面

孟菲斯拥有丰富的物流资源和发达的航空货运产业，带动了临空经济产业的快速发展。临空经济包括围绕机场和航空运输而发展起来的各种服务业和支持性产业，如餐饮酒店、航空维修、货物管理等。孟菲斯临空经济产业发展十分活跃，对于提高产业链、供应链完整性，建设航空城经济区具有重要意义。航空城经济区的建成有助于吸引生物医药、高端装配、通信科技、新能源汽车和跨境电子商务等高附加值的新兴产业的集聚，形成完整的空港产业群。

孟菲斯作为一个物流中心城市，以航空货运为核心大力发挥物流优势，彰显其极强的货运价值，这吸引了众多需要争取时间、扩大规模、集约生产的产业入驻。例如戴尔撤销了其分布在各地的数千个维修点，转而在孟菲斯设立集中维修点，将商业模式改为利用快递上门取件来完成电脑的维修和归还。美国各大医疗保健机构也选择入驻孟菲斯，这无不体现着其极强的高新产业吸引力。

目前，孟菲斯已经形成了一个庞大的航空经济生态系统，拥有多层次的空港产业群。第一层是航空产业群，为空港提供维修、训练等相关配套服务。第二层是物流产业群，以航空货运为核心带动多式联运的发展,增强物流的全球辐射能力。第三层是高端制造产业群,主要为计算机装配、医疗设备和器械制造。第四层是相关服务业群,如餐饮酒店、金融结算、会展策划等。

4

深圳市物流枢纽布局体系优化

4.1 深圳市物流枢纽发展现状分析

4.1.1 深圳市物流枢纽建设现状

2018年12月，《国家物流枢纽布局和建设规划》印发实施，选择127个具备一定基础条件的城市作为国家物流枢纽承载城市。其中，深圳市被明确为空港型、港口型、生产服务型、商贸服务型四类国家物流枢纽的承载城市。同时，深圳市在物流枢纽建设上注重多元化与综合性发展。深圳市拥有多个不同类型的物流枢纽，包括海港、空港、公路和铁路枢纽等，形成了多层次、多模式、多功能、多业态的全球物流枢纽城市格局。这些物流枢纽不仅满足了不同行业、不同企业的物流需求，也提高了物流服务的综合性和全面性。

4.1.1.1 物流发展的基本概况

现代物流业是深圳市四大支柱产业之一，深圳市物流业坚持以市场为主导、以企业为主体。2024年天眼查统计数据显示，深圳市共有综合物流、供应链服务、仓储、运输配送、货运代理等类型物流注册企业约8万家。截至2024年，深圳市的货物运输总量已达到约4.85亿t，港口货物吞吐量增至约3.05亿t。深圳市物流业在2024年上半年的增加值约为1450亿元，同比增长约9.8%。全市交通运输、仓储和邮政业的投资同比增长约28.5%，两年平均增长率约为21.2%。深圳市的重点物流企业已超过120家，继续保持物流产业的高速发展和创新。

4.1.1.2 物流枢纽基础设施建设现状

深圳市物流运输方式主要包括公路、铁路、水路、航空4种，经过持续建设，已经基本形成了城市物流枢纽的基础设施体系。丰富的现代化交通运输设施，使得物流服务更加全面和灵活。目前，深圳市物流基础设施完善，同时物流枢纽地位不断提升。深圳市物流基础设施见表4-1。

深圳市物流基础设施 表4-1

类型	基础设施
机场	深圳宝安国际机场
港区	西部港区、盐田港区
货运铁路	平南铁路、平盐铁路、广深铁路
货运口岸	深圳湾、皇岗、莲塘、文锦渡、沙头角
物流园	机场物流园、龙华物流园、笋岗清水河物流园、平湖物流园、盐田港物流园、前海湾物流园
仓储区及保税区	福田保税区、坪山出口加工区、蛇口仓储区、盐田保税区、机场保税区、前海湾保税港区等
公路货运站	宝运达、美泰、钟屋、运辉、笋岗等
铁路货运站	平湖南站、坂田站、西丽站、盐田站

4.1.1.3 深圳市物流枢纽建设情况

2019年起，深圳市连续三年入选国家物流枢纽建设名单，获批建设商贸服务型、空港型、港口型国家物流枢纽，具备了打造全球性物流枢纽城市的基础和优势。改革开放至今，深圳市物流枢纽的发展经历了多个阶段，政府也对物流业给予了大力支持，出台了一系列帮扶政策，为物流业的发展创造了良好的政策环境，并取得了显著成就。深圳市各物流枢纽的建设情况见表4-2。

深圳市物流枢纽建设情况 表4-2

枢纽名称	规划面积（$\times 10^4 m^2$）	建设或运营时间（年）	地点	定位及主要功能
深圳港蛇口港区	220	1979	南山	华南地区重要中转口岸，并拥有深圳地区最大的客运码头
南山港物流枢纽	185	1979	南山	集装箱干线港的重要组成部分，依托集装箱运输发展现代物流，多功能综合性港区
笋岗-清水河物流园	474	1982	罗湖	集配送、储存、运输、展示与交易于一体，辅以办公、金融、信息处理等配套功能的配送中心型综合物流园区
盐田港物流枢纽	940	1988	盐田	华南地区辐射国内外、多功能、区港一体化运作的综合国际物流节点
宝安国际机场物流枢纽	2280	1989	宝安	通过推动航空物流和供应链服务、临空先进制造业、临空现代服务业等产业协同发展，打造具有深圳市特色的临空产业生态圈
平湖南综合物流枢纽	1600	1998	龙岗	围绕平湖南铁路货站范围建设，重点发展公铁、海铁、公铁海联运等铁路货运枢纽多式联运

续上表

枢纽名称	规划面积（×10⁴m²）	建设或运营时间（年）	地点	定位及主要功能
龙华物流园	65	2000	龙华	陆路口岸型物流园，主要为国际集装箱堆场和进出口保税仓储作业
保惠冷链物流园	9.97	2003	盐田	集冷冻冷藏仓储、冷链配送运输、冷冻食品加工、保鲜食品联合一体化
深圳金鹏物流园	30	2005	龙岗	集停车、仓储、装卸、配送、配载、货物分发、物流信息，物流金融、物流管理等功能于一体的综合性物流园区
大铲湾物流园	283	2007	宝安	集仓储、专线、分拨、办公与生活区于一体的区域性产业物流服务基地
前海湾物流园	867	2008	南山	依托西部港区建设，广泛集纳国际中转、国际配送、国际采购等现代物流业务功能
海吉星农产品物流园	30	2011	龙岗	提供农产品流通贸易，为深圳市、香港两地居民的"菜篮子"日常所需服务，辐射整个华南地区乃至全国
小漠国际物流港	1190	2018	盐田	推动小漠港区规划调整，以散杂货运输起步，发展集装箱内支线和近洋航线，承接盐田港部分功能，兼顾水上客运
盐田港冷链服务仓	2.2	2022	盐田	深圳市东部首个集冷链仓储、总部办公、商业展示、智能分拨、供应链服务平台等功能于一体的智慧冷链综合体
西部公路物流枢纽	18	规划中	宝安	规划建设智能物流中心、智慧物流云仓及冷链中心等功能分区，打造功能齐全、业态领先的现代智慧物流设施集群，促进高端制造业与物流业融合

4.1.2 深圳市物流枢纽发展演化

4.1.2.1 物流枢纽从时间维度的演变

深圳市物流枢纽的演化进程可以追溯到20世纪80年代，那时的深圳市还是一个快速发展的经济特区，物流业相对落后。但随着经济的快速增长以及对外开放程度的提高，深圳市开始大力发展物流业，逐步形成了以港口、机场和铁路为主要枢纽的物流体系。

20世纪90年代，深圳市物流枢纽开始进入快速发展阶段。这一时期，深圳市加强了对物流基础设施的投资，建设了一批大型物流园区和配送中心。同时，随着国际贸易的快速增长，深圳市的港口和机场吞吐量大幅增加，深圳市逐渐成为华南地区的物流中心。直到1996年，深圳市一直处于传统物流阶段，传统仓储是主要产业，铁路运输是主要运输方式。1996年后，随着运输方式从铁路转向公路，传统物流开始转向现代物流。最初用于区域货物转运的仓库逐渐转向城市消费服务，大型超市和专业市场的快速发展对于支持当前的物流活动和促进城市配送的发展至关重要。

进入21世纪后，深圳市的物流枢纽开始面临一些挑战和机遇。一方面，国内外市场的竞争、高成本等因素给物流行业带来压力；另一方面，随着电子商务和智能技术的蓬勃发展，物流业迎来了前所未有的发展机遇。自2010年起，现代物流业正逐步向第三方综合物流、供应链管理与服务方向进行深度转型。与此同时，电子商务等新兴业态的迅猛崛起，推动了快递、配送等物流需求的持续激增，城市配送功能日益凸显，分拨中心、配送中心等流通型仓储设施也迅速崭露头角。为了适应这种变化，深圳市的物流枢纽不断加强自身的建设和升级，提高物流效率和配送能力。一些物流枢纽加强了仓储、分拣、包装、配送等环节的信息化和智能化建设，采用了物联网、大数据、人工智能等技术手段，提高了物流作业的效率和准确性。同时，为了满足城市终端消费品的需求，一些物流枢纽还加强了与电商、零售等行业的合作，提供更加个性化和定制化的物流服务。深圳市物流枢纽在时间维度上的演变特征见表4-3。

深圳市物流枢纽在时间维度上的演变特征 表4-3

时间	演变特征
20世纪80年代	物流业相对落后，逐步形成了以港口、机场和铁路为主要枢纽的物流体系
20世纪90年代	物流枢纽快速发展，政府加大物流基建投入，建设物流园区与配送中心
21世纪后	自2010年起，现代物流业转型升级，其发展方向更加聚焦于综合第三方物流和供应链管理服务；电子商务等新兴业态迅猛发展，城市配送功能逐渐崭露头角并显得愈发重要

总而言之，深圳市的物流枢纽发展经历了从传统物流到现代物流、从铁路运输到公路运输、从生产性物资中转到以城市终端消费品配送为主的变化。

4.1.2.2 物流枢纽从空间维度的演变

城市空间结构是一个动态变化的过程,从深圳市建设的用地布局及空间结构的发展方面来看,不难发现城市空间结构的变化是造成枢纽内部功能转变的主要原因之一。

据点式发展期(改革开放初期):经济特区初创,罗湖、福田、南山等中心区作为城市发展的重要据点,也是物流枢纽的主要分布区域。随着城市据点式发展期的推进,深圳市的物流枢纽也经历了一个从无到有、从简单到复杂的过程。最初,物流枢纽主要满足城市据点的内部需求,并提供基本的物流服务。随着城市经济的发展和产业结构的适应,物流枢纽的功能逐渐扩展,开始提供更多的物流中转及配送服务。

圈层轴线式组团发展期(1997—2006年):深圳市的城市建设重心逐渐西移,福田区核心区和南山区进入全面建设阶段。这一时期,城市空间结构呈现出以福田—罗湖为中心,以西、中、东三条放射发展轴为基本骨架的圈层轴线式组团结构。这种空间结构的变化使得物流枢纽的布局更加合理和高效,能够更好地适应城市发展的需求。同时,随着城市经济的快速增长和产业结构的不断优化,物流枢纽的功能也进一步扩展,不仅满足了城市内部的物流需求,还开始承担起区域乃至国际物流的重要角色。

网状组团发展期(2007年至今):深圳市的城市空间结构已经基本定型,形成了"三轴、两带、多中心"的网状组团结构。这种空间结构使得物流枢纽的布局更加网络化和系统化,能够更好地服务于城市的整体发展。在这一阶段,物流枢纽不仅实现了与城市交通基础设施的互联互通,还加强了与周边城市的合作与联动,形成了更加完善的物流网络体系。

总的来说,深圳市城市空间结构的变化对物流枢纽空间布局产生了深远的影响。随着城市空间结构的不断优化和拓展,物流枢纽的布局也经历了从单点聚集到网络化布局的演变过程。深圳市的物流枢纽最初主要集中在南部地区,如蛇口港区、盐田港区等。深圳港作为全球重要的集装箱港口之一,是深圳市物流枢纽的重要组成部分。随着城市经济的发展和产业结构的调整,物流枢纽的区域布局逐步扩展到北部和西部地区,如宝安国际机场物流枢纽、龙岗物流枢纽等。未来,随着深圳市城市空间结构的进一步演变和物流行业的快速发展,物流枢纽的空间布局和功能定位还将继续调整和优化,以更好地适应城市发展需求。

4.2 深圳市物流枢纽布局影响因素分析

4.2.1 深圳市物流枢纽发展现状

4.2.1.1 深圳市物流枢纽类型与功能

根据国家物流枢纽建设规划,国家物流枢纽涵盖六种类型,包括空港型国家物流枢纽、港口型国家物流枢纽、生产服务型国家物流枢纽、陆港型国家物流枢纽、商贸服务型国家物流枢纽以及陆上边境口岸型国家物流枢纽。每一种类型的国家物流枢纽在规划中都有独特的定位。

2018年12月,《国家物流枢纽布局和建设规划》(简称《建设规划》)正式印发实施,并明确深圳市作为空港型、港口型、生产服务型、商贸服务型国家物流枢纽承载城市。而深圳市自2019年起连续三年成功获批建设商贸服务型、空港型、港口型国家物流枢纽,其功能要求见表4-4。

深圳市四种类型物流枢纽功能 表4-4

类型	功能
港口型	依托沿海或内河港口为基础,根据其国内外运输航线网络,利用水陆联运和水路中转衔接服务于港口辐射区域的货物集散、国际贸易、监管保税等
空港型	提供航空运输服务和多式联运,以枢纽机场为基础,提供高效迅捷的国内国际运输服务
生产服务型	提供一体化的供应链服务,通过依赖大型的生产制造企业,例如制造业基地、农业产区和产业集聚区等,为其提供原材料的采购供应、产成品的储运以及中间品的转运等服务
商贸服务型	提供增值服务,依赖大型消费市场和商贸集聚区等资源,为从事国内外商贸活动,以及满足大规模消费需求的企业提供商品运输、分拨、仓储等物流服务,并附带金融和供应链服务等

4.2.1.2 深圳市物流枢纽的区位

深圳市地理位置优越,毗邻香港、南海和珠江口,处于珠三角经济区核心地带。

1)陆地交通

深圳市发展了现代化的陆地交通网络,包括高速公路、铁路、地铁等,便于商贸服务的物流运输。深圳市作为商贸服务型物流枢纽,强调国际贸易中心的建设,为企业提供服务。深圳市商贸服务型国家物流枢纽,是全国首批23个国家物流枢纽之一,位于龙岗区,由深圳国际控股有限公司牵头建设。该枢纽主要依托平湖物流园区以及平湖南铁路集装箱中心站建设,其中涵盖了电子产品供应链、工业原材料配送、跨境电商、农产品配送等专业物流产业集群,目标是将其打造成为全国乃至全亚洲单体规模最大的公共铁路铁多式联运中心。目前,枢纽范围内的平湖南铁路货场第一期工程已完工,平湖南综合物流枢纽等已经取得地面层及上盖项目的土地使用权,并且进入主体工程设计方案的研究阶段。同时支撑"湾区号"中欧班列稳定运营,2023年上半年累计运行117列,同比增长率高达95%,线路已延伸至德国、波兰、俄罗斯、哈萨克斯坦等国家,为粤港澳大湾区深化国际经贸合作开辟了国际物流新通道。

2)港口

从2015年到2023年,深圳港的集装箱吞吐量持续增长,巩固了其作为全球重要港口的地位。2015年,深圳港的集装箱吞吐量约为2.17亿TEU,到2023年这一数字增长至超过2.65亿TEU。随着全球贸易需求的变化和深圳市作为国际贸易中心的地位不断提升,深圳港的集装箱吞吐量在这一时期保持了稳健的增长。特别是在亚太地区的航运业务中,深圳港凭借其优越的地理位置和高效的港口运营,成为全球第四大集装箱港口。这一增长趋势也体现了深圳港在国际航运网络中的核心作用,支持着深圳市以及中国的进出口贸易和全球

3）航空

深圳市拥有宝安国际机场，距香港国际机场也相对较近，形成了一个重要的空中交通节点。作为空港型物流枢纽的核心，是中国境内集海、陆、空联运为一体的现代化大型国际空港。从2015年到2023年，深圳宝安国际机场的货物吞吐量稳步增长，显示出其在全球物流网络中的重要地位。具体而言，2015年机场货物吞吐量约为180万t，到了2023年已增至260万t。在此期间，机场的货物吞吐量每年保持稳定增长，尤其在电子产品、跨境电商等领域的需求推动下，深圳宝安国际机场的货运量持续上升。这一增长趋势反映了深圳市作为全球物流枢纽的地位不断增强，特别是在国际贸易和全球供应链中的关键作用。

4.2.1.3 深圳市物流枢纽发展现状

作为港口型、空港型、商贸服务型、生产服务型国家物流枢纽承载城市，深圳市物流枢纽建设布局优化与政策、经济、物流发展密切相关，分析其物流枢纽发展现状需分别从政策、经济、物流发展三个方面进行分析。

1）政策支持

为加快推动"十四五"时期深圳市现代物流的高质量发展，并在构建高质量发展新格局中发挥好先导性、基础性和战略性作用，服务支撑广东省现代化，支撑深圳市物流枢纽建设。广东省、深圳市陆续出台了一些政策支持物流发展，进而支持物流枢纽建设布局优化。近三年广东省、深圳市主要物流发展政策梳理见表4-5。

广东省、深圳市主要物流发展政策 表4-5

序号	政策	主要内容	发布时间（年）
1	广东省交通运输厅关于印发广东省综合运输服务"十四五"发展规划的通知	提出打造国际一流的综合交通枢纽、构建立体互联的综合交通网络、发展高品质的运输服务、构建前瞻性的智能交通体系、推进环保绿色的交通发展、强化交通运输安全应急保障能力、促进交通运输与相关领域深度融合、提升交通运输现代化综合管理能力等八项核心任务	2021
2	广东省人民政府办公厅关于印发广东省推进多式联运发展优化调整运输结构实施方案的通知	力争到2025年，将努力使全省多式联运发展实现显著进步，运输结构进一步优化，基本确立以铁路和水路为主导的大宗货物及集装箱中长距离运输格局	2022
3	广东省发展改革委关于印发《广东省"十四五"现代流通体系建设实施方案》的通知	加速骨干物流枢纽建设步伐，优化区域物流服务网络布局，打造冷链物流设施体系，推动"物流+"创新融合发展，提升交通运输流通的承载能力	2022

续上表

序号	政策	主要内容	发布时间（年）
4	广东省综合立体交通网规划纲要	建成高效便捷的综合交通枢纽系统，构建"2+3+8+8"多层级枢纽城市架构。将广州市、深圳市打造成为具有国际影响力的综合交通枢纽城市，增强其综合交通功能和能级，突出其在全球资源配置、国际人员交流、物流中转集散方面的核心功能，以牵引和驱动全省枢纽城市的梯度发展	2022
5	深圳市促进物流供应链企业高质量发展工作措施	从引进培育高能级贸易主体、支持拓展外贸新业态业务、提升供应链企业服务制造业能力等十个方面实打实支持物流供应链企业做大做强，推动"产供销、内外贸、上下游"一体化发展	2022
6	深圳市工业和信息化局 深圳市商务局关于印发《深圳市加快推进供应链创新与发展三年行动计划（2023—2025年）》的通知	优化布局产业园区供应链配套设施，完善现代物流基础设施建设，加强对外物流网络布局。打造联通国内国际双循环的对外物流枢纽，推动物流供应链龙头企业建设或运营物流仓储设施，向粤港澳大湾区内城市延伸布局物流基础设施，逐步形成分工协作、高效协同的物流设施布局	2023

除以上政策外，广东省、深圳市乃至相关市区几乎都相应出台了促进物流枢纽发展的相关政策，这将加快完善深圳市物流枢纽建设布局，对实现深圳市物流产业的组织结构合理化

增强经济竞争力和促进深圳区域经济协调发展提供有力支撑。

2）经济发展

深圳市具有优越的发展环境，整个市区交通通畅，深圳市的宝安国际机场作为重要的空中交通枢纽，蛇口港和盐田港等作为现代化深水港口，都在发展过程中综合了各种有利条件，不断推进着深圳市经济的快速发展。2023年深圳市的区域生产总值为3.46万亿元，同比增长6.0%，坐稳全国"三万亿先生"交椅，在四大一线城市中，无论是实际增速还是名义增速，都是第一。从2013年的1.52万亿元增长到2023的3.46万亿元增长，十年间增幅高达127.16%。

2024年1月31日深圳市市长覃伟中做政府工作报告指出，深圳市2024年的经济社会发展主要预期目标设定为：固定资产投资预计增长10.0%，社会消费品零售总额预计增长7.0%，区域生产总值预期增长5.5%，规模以上工业增加值预计增长5.5%，地方一般公共预算收入预计增长1.0%，外贸进出口稳规模、稳份额、稳增长，居民收入与经济同步增长。

3）物流发展

近年来，深圳市的物流总额持续增长，体现了其在全球供应链中的重要地位。深圳市的物流总额在过去十年间稳步上升，从2013年的3.7万亿元人民币，增长到2023年约为7.5万亿元人民币，年均增长率约为7.35%。特别是在2020年，受新冠疫情影响，跨境电商和电商物流需求的激增，使得物流总额出现了一定的增长。深圳市的物流发展得益于其作为全球重要物流枢纽的地位，以及港口、机场和交通基础设施的不断优化，推动了包括电子产品、智能制造和跨境电商等行业的物流需求。这些因素共同促成了深圳市物流业的持续壮大。

无人机载货实现规模化运行。全年载货无人机飞行突破60万架次，规模居全国第一。在物流基础设施建设方面，2023年全市新增市外运营物流仓储面积约78万 m^2、市内高标仓面积约42万 m^2；外环高速公路三期、鹏坝通道、107国道市政化改造先行段、龙大高速公路市政化改造一期等一批重大交通项目开工建设，综合交通体系进一步完善，惠盐高速公路改扩建、深汕西高速公路改扩建、盐田港东作业区、机场三跑道等重大项目加快推进，全市交通固定资产投资创下历史新高，达到1505亿元，同比增长12.24%。

4.2.2 深圳市物流枢纽建设布局影响因素

4.2.2.1 区域经济

经济因素对深圳市物流枢纽建设布局的影响是至关重要的。区域经济的发展水平直接影响到区域的消费水平，而消费水平又直接影响着深圳市物流枢纽建设的布局。随着深圳市经济和消费水平的快速增长和产业结构的不断优化，物流需求呈现多样化、高效化的趋势。这意味着物流枢纽需要具备更高的处理能力、更快的运输速度和更灵活的配送服务，物流枢纽的布局需要根据经济和消费水平的发展特点进行优化。同时，经济发展水平也影响了物流服务的质量和效率要求，促使物流枢纽不断优化设施设备、加强信息化建设，以满足日益增长的物流需求。

4.2.2.2 物流环境

物流环境包括物流基础设施、物流交通网络、物流产业需求等因素，良好的物流基础设施是物流运作的关键，如合理规划仓储设施位置、建设现代化配送中心，可降低成本、提高效率。而发达的物流交通网络则支撑物流运输的多样化和互联互通，优化布局可缩短运输时间、降低成本、提升服务质量。随着消费需求和行业结构的变化，物流产业对快速配送、智能物流、绿色物流等的需求也日益增加。所以优化物流枢纽的布局需根据不同需求提供个性化、定制化解决方案，以满足多样化的物流需求。通过综合考虑物流基础设施、物流交通网络和物流产业需求三个方面的影响，可实现物流服务的智能化、高效化和个性化，提升物流产业的竞争力和服务水平。深圳市拥有发达的港口、机场和高速公路网络，这为物流运输提供了便利条件。

4.2.2.3 信息化技术

信息化水平的发展提升了物流服务的智能化水平，如物联网、大数据分析、人工智能等技术的应用，使得物流管理更加智能化和精细化，物流枢纽能够实现实时监控、智能调度和预测性维护，从而提高了物流运输的效率和可靠性。通过实时监控和数据分析，可以优化物流运输路线、提升仓储效率、降低运输成本等，还能推动物流服务的个性化和定制化发展。通过大数据分析和客户信息管理，物流企业可以更好地了解客户需求，提供个性化的物流解决方案，这对物流枢纽的布局和服务范围提出了更高的要求，需要更加灵活、多样化的布局设计。所以，物流枢纽的建设布局需要充分考虑信息技术的应用，提高物流服务的智能化水平，以满足现代物流业的需求。

4.2.3 深圳市物流枢纽功能类型

结合深圳市物流枢纽的实际情况及物流枢纽功能评估体系，深圳市物流枢纽可以分为货运枢纽型、综合功能型和专业服务型类型。对于货运枢纽型的物流枢纽来说，应更加重视基础设施与设备、效率与效能以及服务能力与范围。对于综合功能型的物流枢纽，应平衡考虑所有指标，强调其综合服务能力。对于专业服务型的物流枢纽，应侧重于技术创新与应用、特色服务能力与范围。综上，深圳市物流枢纽功能分类情况见表4-6。

深圳市物流枢纽功能分类　　表4-6

物流枢纽类型		所属当前类型的物流枢纽
货运枢纽型	陆路口岸型	龙华物流园
	港口型	深圳港蛇口港区、南山港物流枢纽、盐田港物流枢纽、大铲湾物流园、前海湾物流园、小漠国际物流港
	航空型	宝安国际机场物流枢纽
综合功能型	—	笋岗—清水河物流园、平湖南综合物流枢纽、深圳金鹏物流园

续上表

物流枢纽类型		所属当前类型的物流枢纽
专业服务型	冷链服务型	保惠冷链物流园、盐田港冷链服务仓
	生产服务型	西部公路物流枢纽
	农产品服务型	海吉星农产品物流园

4.2.3.1 货运枢纽型物流枢纽

1) 陆路口岸型物流枢纽

龙华物流园区凭借龙华新客运站的口岸优势,成为连接香港与深圳市、进一步辐射珠三角地区及内陆的国际集装箱多式联运中心,这一定位决定了其在陆路口岸物流中的重要地位。

2) 港口型物流枢纽

这些物流枢纽都以港口为核心,提供货物的装卸、仓储、中转、运输等物流服务。港口型物流枢纽通常具备大规模的货物处理能力,以及先进的装卸、仓储和运输设施,满足港口腹地的物流需求。其中,盐田港物流枢纽得益于其所依托的全球最大的单港集装箱吞吐量港口盐田港,凭借其巨大的港口资源优势和超高的吞吐量,展现出了非常强劲和优越的发展态势,并且在业务运营方面也达到了非常成熟和高效的水平。

同时,这些物流枢纽都位于深圳市的沿海地区,具备良好的自然条件和交通优势。它们通常与海港或内河港口紧密相连,具备便捷的水路交通条件,方便货物的进出和转运。

3) 航空型物流枢纽

首先,宝安国际机场物流枢纽的核心依托是深圳宝安国际机场,这是中国南方地区重要的国际航空枢纽之一。深圳宝安国际机场是深圳市唯一的国际机场，拥有完善的航线网络，可直达全球60多个国家和地区。该机场具备先进的航空货运设施，包括货运航站楼、货运仓库、货运装卸区等，为航空货运提供了良好的基础设施条件。

其次，航空型物流枢纽主要服务于航空货运和快递业务，提供货物的快速转运、分拣、配送等服务。宝安国际机场物流枢纽作为深圳市国际航空枢纽的重要组成部分，具备这些功能，为国内外航空公司、货运代理和快递公司等提供全面的物流服务。

4.2.3.2 综合功能型物流枢纽

笋岗—清水河物流园、平湖南综合物流枢纽、深圳金鹏物流园都位于深圳市的核心区域或交通要道附近，具备便捷的交通条件和良好的物流网络连通性。该地理位置优势使得它们能够作为物流网络中的关键节点，连接不同地区和市场。同时，这些物流枢纽都具备多元化的产业功能。例如，笋岗—清水河物流园区由物流总部基地广场、现代大宗商品交易中心和现代物流配送中心三大产业功能组成，涵盖了物流业的多个关键环节。平湖南综合物流枢纽不仅具备传统的物流仓储功能，还依托中欧班列和海铁联运，打造运贸配一体的流通基地和跨境电商中心，实现了功能的多元化。深圳金鹏物流园则提供大型停车场、仓库、招待所、餐厅等一系列配套设施，为物流企业提供了全方位的服务。

4.2.3.3 专业服务型物流枢纽

1) 冷链服务型物流枢纽

保惠冷链物流园和盐田港冷链服务仓都专注于冷链物流领域，为冷冻、冷藏类物品提供从生产、储藏、运输、销售到消费各环节始终处于规定的低温环境的物流服务。同时，它们都配备了专业的冷链物流设施和技术，包括温度控制仓库、冷冻和冷藏设备以及监控和报告系统等。

2) 生产服务型物流枢纽

西部公路物流枢纽主要服务于生产制造企业，为其提供原材料、半成品和成品的物流服务。这包括从供应商处接收原材料，将原材料运送到生产线，再将产品分发到各个销售渠道或最终消费者。它不仅提供物流服务，还积极参与产业协同和供应链整合。同时，西部公路物流枢纽的功能定位是打造功能齐全、业态领先的现代智慧物流设施集群和物流场站示范样板。这意味着它不仅提供传统的物流服务，还注重引入先进的物流技术和管理模式，提高物流服务的效率和质量。

3) 农产品服务型物流枢纽

海吉星农产品物流园是专为满足农产品流通需求而设计和建设的。它以农产品为核心，提供包括存储、加工、配送、销售等在内的一站式服务，确保了农产品从田间到餐桌的高效流通。这种服务模式不仅提高了农产品的流通效率，降低了流通成本，而且保证了农产品的新鲜度和品质，满足了消费者对高品质农产品的需求。在农产品交易市场的基础上，该物流园利用其对农产品的吸纳与聚合能力，形成农产品国际贸易服务功能，为辐射区域内以及全国性的农产品进出口贸易提供通关、检验检疫等服务，进一步提升农产品的附加值和流通能力。

4.3 物流枢纽功能评估分类体系构建

4.3.1 评估体系构建原则

指标体系是根据一些原则基础而建立的，是一个有机的整体，而非一些指标的简单组合。在对物流枢纽进行分类时应遵循以下原则。

1）全面性原则

在进行评估体系构建时，应全面考虑影响物流枢纽功能发展的各个方面，指标体系应包含影响物流枢纽功能发展的各类指标，确保能够全面反映物流枢纽发展的各个层面和影响因素。

2）关联性原则

深圳市物流枢纽在发展时会受到多种因素的影响，包括经济、技术、市场需求、基础设施等方面。这些因素相互作用，共同决定了物流枢纽的功能定位、服务能力和发展潜力。

3）可行性原则

在深圳市物流枢纽分类体系中，采取定性和定量相结合的方式进行分析，在选取指标的过程中，应当选择具有可操作性、可复制性的指标。

4）功能性原则

物流枢纽的功能是其核心特征，在进行分类时应根据物流枢纽的主要功能进行划分，确保分类结果能够准确反映其实际功能。

4.3.2 功能评估框架构建

4.3.2.1 功能分类评估框架构建

物流枢纽功能受到多种因素的影响。经过文献查阅后选取基础设施与设备、服务能力与范围、运营效率和技术创新与应用四大类指标构建目标准则层[9,20]。为了提高物流枢纽的功能水平，需要综合考虑这些因素，并采取有效的措施和政策支持，促进物流枢纽的发展。物流枢纽功能评估分类体系指标分类情况见表4-7。

物流枢纽功能评估分类体系　　表4-7

一级指标	二级指标	指标描述
基础设施与设备A	枢纽面积及仓储容量A1	衡量物流枢纽的空间规模和存储能力
	装卸设备的种类和数量A2	评估用于货物装卸的设备种类多样性及数量
	交通便利性A3	物流枢纽所在地区的交通网络完善程度，包括公路、铁路、水路和航空等多种运输方式的可达性和便捷性

续上表

一级指标	二级指标	指标描述
服务能力与范围B	提供的服务类型B1	评估物流枢纽提供业务的多样性与专业性
	服务覆盖范围B2	服务的地理覆盖范围,如国内、国际或特定区域
	国际货运能力B3	物流枢纽在国际货物运输方面的能力和效率
	特色服务能力B4	评估物流枢纽在提供特定领域或针对特定需求(如冷链、农产品运输)的专业服务方面的能力和效率
运营效率与效能C	吞吐量C1	物流枢纽在一定时间内处理的货物量
	货物周转时间C2	货物从进入枢纽到最终离开枢纽所需的时间
	配送准时率C3	在配送过程中按照约定时间将货物送达客户的比例
技术创新与应用D	自动化与智能化水平D1	评估物流枢纽采用自动化和智能化技术的程度,如自动化仓储、自动化分拣等
	信息系统建设程度D2	信息系统在物流枢纽中的覆盖范围,以及是否采用先进的技术架构和成熟的技术解决方案

4.3.2.2 功能评估指标筛选

基础设施与设备这一目标准则层主要反映了物流枢纽的基础情况,分析这一准则层的主要目的是通过基础设施与设备的当前状态判断物流枢纽建设的总体情况。这一准则层主要包括枢纽面积及仓储容量、装卸设备的种类和数量、物流枢纽的交通便利性三个指标。首先,枢纽面积及仓储容量这一指标主要评估物流枢纽的物理规模和仓储能力,这两个因素共同决定了物流枢纽的基本承载能力。其次,装卸设备的种类和数量直接影响了物流枢纽的货物处理能力。最后,物流枢纽的交通便利性对于其运作效率和服务质量至关重要,良好的交通网络可以确保货物快速、顺畅地进出物流枢纽，降低运输成本和缩短运输时间。

服务能力与范围这一准则层主要用于评估物流枢纽提供的服务类型、质量和范围，以满足不同客户的需求，体现了不同物流枢纽的服务能力和市场定位。这一准则层有四个指标，分别是提供的服务类型、服务覆盖范围、国际货运能力和特色服务能力。提供的服务类型反映了物流枢纽能够提供的多样化服务，体现了其服务内容的广泛性；服务覆盖范围则体现了物流枢纽的服务能力和市场影响力，即其能够覆盖的地理区域和客户群体；国际货运能力和特色服务能力则分别针对特定类型的服务进行评估，体现了物流枢纽在特定领域的专业能力和竞争力。这四个二级指标之间既相互独立又相互联系，共同构成了服务水平的整体评估框架。服务类型和服务覆盖范围是基础，决定了物流枢纽能够提供的服务种类和范围；而国际货运能力和特色服务能力则是在此基础上对特定服务领域的深入评估，体现了物流枢纽在特定领域的服务能力和优势。

运营效率与效能主要关注物流枢纽在处理货物、利用资源和管理运营中的效率，包括吞吐量、货物周转时间和配送准时率，反映枢纽的运营管理水平。吞吐量直接反映了物流枢纽处理货物的能力。货物周转时间这一指标衡量的是货物从进入物流枢纽到离开物流枢纽所需的时间。通过准确计算和分析配送准时率，物流枢纽可以了解自身在配送环节的优势和不足，同时，高配送准时率也有助于降低因延误而产生的额外成本和风险。

构建技术创新与应用这一准则层的意义在于评估物流枢纽在应用最新技术和信息化管理工具方面的能力和水平。自动化与智能化水平这一指标主要评估物流枢纽在业务流程中的自动化和智能化的程度。自动化技术的应用可以显著提高物流运作的效率和准确性，降低人力成本和错误率。同时，一个完善的信息系统可以集成各种物流信息，提供实时、准确的数据支持，帮助物流枢纽实现高效运作和决策。信息系统建设程度包括系统的覆盖范围、功能完善程度、系统稳定性等多个方面。

4.3.3 功能评估结果分析

4.3.3.1 各级指标权重的确定

功能评估体系中的12个二级指标会影响4个一级指标的得分，本次共邀请7位专家对各指标的重要性程度进行打分，随后根据各专家打分情况以及Saaty的1~9标度法，作者本人对指标间的相互重要性进行打分，并将数值导入EXCEL进行计算，得到各级评价指标的权重，计算结果及分析详情见表4-8~表4-13。

表4-8为一级指标的判断矩阵权重表。

一级指标的判断矩阵权重表　　表4-8

指标	A	B	C	D	权重值（%）	CR值
A	1	2	1/2	2	26.305	0.004
B	1/2	1	1/3	1	14.114	

续上表

指标	A	B	C	D	权重值（%）	CR值
C	2	3	1	3	45.467	0.004
D	1/2	1	1/3	1	14.114	

其中，A为基础设施与设备；B为服务能力与范围；C为运营效率与效能；D为技术创新与应用。且CR=CI/RI=0.004<0.1，即通过一致性检验。表4-9为二级指标基础设施与设备（A）的判断矩阵权重表。

基础设施与设备（A）的判断矩阵权重表　　表4-9

指标	A1	A2	A3	权重值（%）	CR值
A1	1	2	1/2	26.931	0.018
A2	1/2	1	1/6	11.799	
A3	2	6	1	61.270	

其中，A1为枢纽面积及仓储容量；A2为装卸设备的种类和数量；A3为交通便利性。且CR=CI/RI=0.018<0.1，即通过一致性检验。

表4-10为二级指标服务能力与范围（B）的判断矩阵权重表。

服务能力与范围（B）的判断矩阵权重表　　表4-10

指标	B1	B2	B3	B4	权重值（%）	CR值
B1	1	1/3	1/3	2	13.758	0.002
B2	3	1	1	5	39.352	
B3	3	1	1	5	39.352	
B4	1/2	1/5	1/5	1	7.537	

其中，B1为提供的服务类型；B2为服务覆盖范围；B3为国际货运能力；B4为特色服务能力。且CR=CI/RI=0.002<0.1，即通过一致性检验。

表4-11为二级指标运营效率与效能C的判断矩阵权重表。

运营效率与效能（C）的判断矩阵权重表 表4-11

指标	C1	C2	C3	权重值（%）	CR值
C1	1	1/4	1/6	8.695	
C2	4	1	1/3	27.372	0.052
C3	6	3	1	63.933	

其中，C1为吞吐量；C2为货物周转时间；C3为配送准时率。且CR=CI/RI=0.052<0.1，即通过一致性检验。

表4-12为二级指标技术创新与应用D的判断矩阵权重表。

技术创新与应用D的判断矩阵权重表 表4-12

指标	D1	D2	权重值（%）	CR值
D1	1.000	1.000	50.000	
D2	1.000	1.000	50.000	0.000

其中，D1为自动化与智能化水平；D2为信息系统建设程度。且CR=CI/RI=0.000<0.1，即通过一致性检验。

4.3.3.2 结果分析

如前文所述，本文对四个一级指标及其子指标的权重分别进行了计算，最终整理的权重结果见表4-13。

各层级评估指标权重系数表 表4-13

一级指标	一级指标权重（%）	二级指标	二级指标权重（%）
基础设施与设备A	26.305	枢纽面积及仓储容量A1	26.931
		装卸设备的种类和数量A2	11.799
		交通便利性A3	61.270
服务能力与范围B	14.114	提供的服务类型B1	13.758
		服务覆盖范围B2	39.352
		国际货运能力B3	39.352
		特色服务能力B4	7.537
运营效率与效能C	45.467	吞吐量C1	8.695
		货物周转时间C2	27.372
		配送准时率C3	63.933
技术创新与应用D	14.114	自动化与智能化水平D1	50.000
		信息系统建设程度D2	50.000

物流枢纽功能评估体系中的各指标重要性分析表明，运营效率与效能（C）是最重要的一级指标，占了45.467%的权重，其次是基础设施与设备（A）占26.305%，而服务能力与范围（B）和技术创新与应用（D）的重要性相对较低，各占14.114%。出现这种结果是因为运营效率直接影响物流枢纽的货物处理能力和服务效率，是物流枢纽运营的核心。基础设施与设备也是确保物流枢纽功能的基础，而服务能力与范围以及技术创新虽然对提升物流枢纽的竞争力有重要作用，但在整体功能评估体系中的直接影响相对较小。

4.4 深圳市物流枢纽布局优化建议

前文中灰色关联度法的数据以及实证结果分析表明,物流产业需求、深圳市消费和进出口贸易、信息化水平、物流网络及投资都与深圳市物流枢纽建设布局优化有着较强的关联,特别是深圳市消费和进出口贸易,与之关联度系数达到了0.9880,接近于1,关联度极强。为此,本书分别从以下四个方面对物流枢纽建设布局进行优化。

4.4.1 与深圳市产业布局协同优化

深圳市积极优化产业布局,重点关注物流枢纽建设的优化。这种优化涉及多个方面,其中包括但不限于以下几个重点领域。

(1)致力于构建信息智能产业的发展框架,特别是在物联网和人工智能领域。这意味着加大对这些领域的投资和支持,促进智能物流系统的发展,提高物流效率和精准度。通过引入先进的技术和智能化设备,深圳市可以建立起更高效、更智能的物流网络,从而提升整体产业水平。

(2)重点发展以物流运输设备制造及维修产业为主的产业

集群。这意味着在该领域加大投资，提升生产技术和制造水平，以满足日益增长的物流需求。同时，也要加强对设备维修技术的培训和支持，确保物流设备的持续运转和高效使用。

（3）构建计算机类产业集群，重点关注计算机及其关键部件的生产等业务。这意味着在计算机硬件和软件领域加大投资，培育更多的科技企业和创新团队，推动该产业链的完善和发展。通过建立完善的产业生态系统，深圳市可以进一步提升其在计算机领域的竞争力和影响力。

（4）利用其地理位置优势，推动电子商务产业的集聚。作为一个国际化的城市，深圳市拥有便捷的交通和通信网络，为电子商务企业的发展提供了良好的环境和条件。通过优化物流网络和提升配送效率，深圳市可以吸引更多的电子商务企业入驻，推动该行业的快速发展。

（5）依托相关产业，发展物流服务和配套设施的集群。这意味着在物流园区建设和物流基础设施建设方面加大投资，提升物流服务水平和配套设施的完善程度。通过建立起完善的物流服务体系，深圳市可以为各类企业提供更便捷、更高效的物流服务，进一步提升产业整体的竞争力和发展潜力。

（6）积极优化其物流产业布局，重点发展信息智能产业、物流运输设备制造及维修产业、计算机类产业、电子商务产业以及物流服务和配套设施等领域。通过不断加大投资和政策支持，深圳市将构建起更加完善和发达的物流枢纽产业体系，为城市经济的快速发展提供有力支撑。

4.4.2 加强深圳市物流基础建设

为了提升物流效率、促进经济发展,深圳市物流枢纽建设不仅是简单的设施建设,更是一项涉及"点""圈""线"等多方面因素的综合工程,需要在不断完善和优化中实现高质量发展。

在"点"方面,深圳市现有的物流节点包括蛇口港、盐田港、宝安国际机场等,这些节点是整个物流体系的关键组成部分。因此,必须加强对这些节点及其相关设施资源的基础设施建设。一方面,引入自动化和智能化设备,提高物流操作效率和精度,降低人力成本;另一方面,推动综合物流体系建设,以各物流节点为核心,构建综合性物流服务网络,包括仓储、配送、货运等环节,以满足不同需求。

在"圈"方面,围绕深圳市的空间布局,需要重点发展海、陆、空运输特色产业链,打造相关产业聚集区,形成完善的产业生态系统。这包括吸引物流设备制造、仓储管理、信息技术等相关产业来深圳市发展,形成产业集群效应,提升整体竞争力。同时,通过政策扶持和市场引导,鼓励企业进行技术创新和管理创新,提高产业附加值,推动物流业向高端、智能化方向发展。

在"线"方面,加强各产业集群与物流节点之间的交通联系至关重要。优化运输线路网络,拓展国内外市场,实现与其他物流枢纽的紧密对接,提升物流运输的覆盖范围和运输效率。特别是在跨境物流方面,加强与邻近城市、港口的合作与交流,推动跨境贸易的便利化和规范化,助力深圳市成为国际物流中心。

除了"点""圈""线"等具体措施外,深圳市物流枢纽建设还需要加强政策支持和加大监管力度。建立健全的政策体系,提供优惠政策和配套服务,吸引更多企业和资金投入物流产业。同时,加强对物流市场的监管,规范市场秩序,保障市场公平竞争和消费者权益。

所以,深圳市物流枢纽建设需要综合考虑"点""圈""线"等多方面因素,通过不断优化和完善,推动物流业向高效、智能、绿色发展。

4.4.3 深圳市多式联运的模式创新

深圳市作为中国改革开放的前沿城市和国际化大都市,在物流产业方面具有得天独厚的优势和潜力。为了更好地发挥这些优势,深圳市需要以创新的思维和综合的措施,进一步完善物流产业,推动多式联运方式的创新与发展。

首先需要加强对航空、铁路、公路等基础设施的建设和维护。作为国际化大都市,深圳市机场、铁路站点、港口等交通枢纽的发展至关重要。加大对这些基础设施的投资力度,不断提升其设施水平和服务水平,以满足日益增长的物流需求。同时,要着眼于未来,积极规划和建设新型交通基础设施,例如智能物流园区和物流信息中心,以适应物流行业的数字化和智能化发展趋势。

加强与蛇口港、盐田港、宝安国际机场等物流枢纽的对接和协同发展。这些物流枢纽是深圳市物流产业的重要组成部分，对其功能和效率的提升至关重要。通过加强与这些物流枢纽的沟通与合作，深圳市可以充分发挥各个节点的优势，形成良性循环和互补效应，进一步提升整体物流产业的竞争力和服务水平。

发挥各类运输方式优势的最大化原则，创新发展多式联运模式。深圳市作为一个拥有发达的海陆空交通网络的城市，应该充分利用这些优势，推动不同运输方式之间的协同发展和融合。例如，可以探索建立"航空-公路-铁路"联合运输和"海运-铁路"联合运输等新模式，以提高货物运输的效率和降低成本。此外，还可以积极推动中欧班列等国际运输线路的发展，加强与东亚、中亚、欧洲等地区的物流联系，拓展市场空间和增加收入来源。

在构建一体化多式联运协同运作机制方面，深圳市应该注重政府引导和企业参与相结合。政府部门可以出台相应的政策和规定，鼓励和支持企业开展多式联运业务，提供相关的资金和税收政策支持。同时，要建立起多方合作的综合服务平台，整合物流信息资源，提供便捷的服务和支持。此外，还应推动制定多式联运各种单证的标准，建立健全监管机制，确保运输过程的安全和顺畅。

4.4.4 深圳市物流信息平台构建

基于上述的实证分析，深圳市物流枢纽建设布局要加快推进物流枢纽内部运营的信息化，这是提升整体效率和管理水平的基础。这需要加大对物流设施和技术的投入，升级现有设施，引入智能化设备和信息管理系统，提高物流操作的精准度和效率。尤其是要注重物联网技术的应用，通过传感器和数据采集技术实现对货物运输、仓储等环节的实时监控和管理，从而提高物流方面的可视化和智能化水平。

建立深圳市物流信息共享平台是实现整个物流产业链高效运作的关键。这个平台应该整合各个环节的信息资源，包括货物跟踪信息、仓储容量、运输路线、运费价格等，使各参与方能够及时获取和共享所需信息，实现信息的无缝流通。同时，应该建立起与国内外其他物流枢纽和相关机构的数据对接机制，实现跨地区、跨国界的信息交流和合作，进一步提升深圳市的物流服务水平和国际竞争力。

首先是加强政策支持，制定相关政策和规定，鼓励物流企业和相关机构参与信息共享平台的建设。其次是推动行业标准的制定和推广，建立统一的数据格式和接口标准，方便不同系统之间的数据交换和共享。此外，还可以积极引入第三方服务提供商，通过委托给专业的信息技术公司来建设和维护信息共享平台，以确保平台的安全、稳定和可靠性。

加快物流枢纽的信息化建设和信息共享平台的建设，是推动深圳市物流产业高质量发展的重要举措。通过提升物流产业的信息化水平和建立高效的信息共享平台，可以提高物流服务的质量和效率，促进物流枢纽建设的创新发展。

5

深圳市多式联运服务网络构建

5.1 深圳市多式联运服务网络发展现状

5.1.1 深圳市运输方式现状

公路运输：公路运输依然是深圳市最主要的货物运输方式。2024年，深圳市公路货物运输量为31500万t，同比增长2.9%，在此背景下，公路货物运输量占总货物运输量的75.2%。

水路运输：深圳港依然稳居全球第四大集装箱枢纽港。近年来，深圳港的吞吐量结构进一步优化，集装箱吞吐量在总吞吐量中的比重持续上升，表现出越来越明显的专业化特征。目前，深圳港的集装箱吞吐量主要以国际航线为主，占集装箱总吞吐量的比重约为86%。2024年，深圳港的港口集装箱吞吐量达3125.89万TEU，同比增长4.1%，创下新高。深圳港已开通超过210条国际集装箱航线，连接全球超过105个国家和地区，广泛分布于世界各大主要海域。

航空运输：深圳宝安国际机场继续被列为全国五大航空物流中心之一，作为一个融合海、陆、空三种交通方式的大型国际航空枢纽，继续在中国航空运输领域占有重要地位。2024年，深圳宝安国际机场国际及地区货邮吞吐量达158.3万t，排名全国第三，其中国内货邮吞吐量继续居全国第一。深圳宝安国际机场已吸引了美国联合包裹运送服务公司（UPS）、顺丰速运、联邦快递（FedEx）陆续入驻，此外还有14家中外全货机承运人在深圳宝安国际机场运营定期货运航班。截至2024年底，深圳宝安国际机场的全货机通航城市已增至60个，其中国内23个，国外有36个国家和1个地区，航线网络实现欧、美、澳、亚、非五大洲全覆盖。

铁路运输：2024年，深圳市铁路货物运输量达160.28万t，同比增长5.9%；海铁联运完成15.42万TEU，同比增长11.3%。

目前，这些运输方式缺乏有效的衔接和整合，在一定程度上限制了多式联运的发展。此外，由于不同运输方式的优势和劣势，如公路运输的灵活性高但运量有限，铁路运输运量大但成本较高，水路运输成本低但受地理环境和季节影响较大等，如何根据需求选择合适的运输方式，以及如何优化组合各种运输方式，是深圳市多式联运面临的一大挑战。

5.1.2 深圳市物流基础设施现状

深圳市物流基础设施主要围绕深圳港、深圳宝安国际机场、平湖铁路货运场站和公路等基础设施进行。

1）公路物流基础设施

深圳市公路物流基础设施发展主要依托规划建成的六大物流园区以及全市自发形成的公路货运场站进行。

深圳市依托机场、港口、铁路、公路等物流基础设施，集中布局了六大物流园区，分别为机场物流园、龙华物流园、笋岗—清水河物流园、平湖物流园、盐田港物流园、前海湾物流园。

2）铁路物流基础设施

深圳市铁路物流基础设施发展主要依托铁路货运车站进行，目前仍在运营的铁路货站共有四处，包括平湖南站、西丽站、坂田站和盐田站，其中，西丽站正在规划打造综合交通枢纽，未来将不再承担铁路货运功能。现状主要货运站点现状基本情况如下：

（1）平湖南站：位于深圳龙岗区，是深圳市铁路枢纽四大货运编组站之一，链接了广深铁路、平盐铁路和平南铁路三条铁路。

（2）西丽站：位于深圳市南山区，是货运四等站，平南铁路的中间站。

（3）坂田站：位于深圳市龙岗区，是货运四等站，平南铁路的中间站。

（4）盐田站：位于深圳市盐田区，是平盐铁路上专用于服务盐田港区疏港功能的车站。

在综合货运枢纽体系方面，平湖南是深圳市唯一的二级及以上铁路物流基地，主要依托平湖南周边物流基础设施，承担商贸物流、供应链物流、干线物流组织功能、多式联运功能、区域分拨与配送功能等功能业态。平湖南周边现状主要物流基础设施包括中外运平湖物流中心、海吉星农产品物流园、深圳市粮食储备基地、怡亚通供应链管理中心、美泰物流园等。

3）港口物流基础设施

深圳市港口物流基础设施发展主要依托深圳港进行。深圳港是全球第四大集装箱枢纽港，同时也是华南地区集装箱枢纽港的重要组成部分，汇聚了现代服务业和先进制造业的核心平台，已基本形成"两翼、六区、三主"的总体格局。

深圳港各港区内主要基础设施为承担干线运输功能的船舶泊位、装卸机械以及堆场。在综合货运枢纽体系方面，主要依托港口后方陆域基础设施，发展跨境电商、保税物流、保税冷链等功能业态。其中，以盐田港区后方陆域为例，现状主要基础设施包括深圳盐田港普洛斯国际物流园、保惠冷链物流园、盐田港冷链服务仓、万纬有信达智能供应链物流园等。

4）航空物流基础设施

深圳市航空物流基础设施主要为深圳宝安国际机场。深圳宝安国际机场承担货运功能的基础设施主要包括七个货站，分别为国内国际货站、快件监管中心、南航深圳市货站、保税物流中心、邮政自建分拨中心、UPS亚太转运中心、顺丰华南转运中心等。

除现状七个货站外，深圳宝安国际机场内正在积极推动机场南货运区货代一号库项目、机场东区国际转运一号货站、机场东区国际快件一号货站、机场南区国内转运库项目等项目建设，项目建成后将进一步拓展深圳宝安国际机场"保税＋空港"功能，提升国内国际货运发展能力，延伸丰富功能链条，保障增量业务服务质量，发挥航空物流产业链平台纽带作用。

综上所述,深圳市物流基础设施完备,具备构建多式联运服务网络的基础条件。深圳市拥有世界一流的港口与机场,分别是港口型国家物流枢纽和空港型国家物流枢纽,还有平湖南国家物流枢纽与另外两大枢纽相互协同、相互补充。

5.1.3 深圳市多式联运服务现状

1) 水水中转

深圳港通过与大湾区其他城市设置组合港的形式开展"水水中转"集疏运模式。粤港澳大湾区的组合港自开通以来的三年时间里,随着组合港服务范畴的不断拓展,成功构建起一个以深圳港为核心、以内河港口为辅助的组合港体系。自从实施组合港计划以来,该项目因其高效率和便利性,极大地促进了货主选择水路运输作为集散方式。这一转变显著降低了水路集装箱物流的总体等待时间,将原来的5~7d周期压缩至2d,效率提升了约60%。目前,深圳市已与包括佛山、中山和珠海在内的9个城市合作建立了26个这样的港口网络,其效益还影响到粤西区域。据统计,2022年深圳港借助组合港体系处理的集装箱吞吐量达到21万TEU,相比上一年度增长了86.22%,充分彰显了其强大的增长动力和广泛的潜力。

2) 海铁联运

2022年,深圳港新开设6个内陆港口,累计有13个内陆港挂牌经营,这些港口分布在平湖南、常平、鹤山、江门、河源、龙川、赣州、南昌、郴州、醴陵、儋凝、岳阳、贵阳等地区。海铁联运班列累计有30种，完成了大约23万TEU，相比去年增加了3%。

3）陆空联运

深圳市主要依托"卡车航班"开展陆空联运。2022年，深圳宝安国际机场陆空联运量为136.5万t。随着粤港澳大湾区一体化进程的加速，深圳宝安国际机场和香港的机场联合推出了创新的物流模式——"深港陆空联运"。该模式规定，货物的所有预订、安检、包装和装载步骤都在深圳市一站式完成，然后通过特别设计的"卡车航班"与香港机场实现无缝连接，直接进行航班装载。这一举措显著减少了货物在香港经历的入库、安检、包装和装载等环节的时间和费用，同时充分利用了香港机场在全球货运航线网络的优势，有效缓解了香港机场的货物处理压力，显著提高了物流运营效率。

深圳市多式联运目前仍处于发展的阶段，运输组织化水平不高，不同运输方式之间协同性严重不足，整体效应难以充分发挥，与成为全球物流中心还有较大差距。

5.1.4 深圳市多式联运服务网络发展瓶颈

深圳市多式联运服务网络存在的瓶颈，主要有以下几点。

1）基础联运网络尚不完善，基础设施衔接较差

尽管深圳市交通基础设施建设在多年的发展中取得了显著成就，但目前来看，其建设水平仍不足以充分满足多式联

运的复杂需求。在运输规模上，公路运输网络较发达，全市拥有高速公路68条，总里程达到1300多公里，形成了覆盖全国的公路运输网络，但港口网络及其枢纽的建设规模不足，尽管深圳港是全球第四大集装箱港口，但与世界级的航运公司总部相比，其航运业的发展显得较为薄弱，与其港口地位并不相称，从而呈现出"港口强大，航运业相对薄弱"的局面。与此同时，深圳市的空运发展也面临着一定的制约因素。相较于全球领先的航空货运机场，深圳市的航空货运主体显得相对不足，货源组织能力受到挑战。为了进一步完善全球航运网络覆盖，深圳市仍需要临空经济区的支持，以增强空港物流枢纽的功能，并提高空港与产业的联动效应。此外，深圳市的多式联运发展相对滞后。尽管深圳市拥有三大国家物流枢纽，且港口和机场均处于全球领先地位，但目前三种运输方式之间的联动发展尚显不足。尤其是铁路运输成为制约因素，限制深圳市进一步扩大自身腹地范围的能力，并阻碍了其构建通达全球、高效运转的国际物流体系的进程。

为了提升深圳市物流业的整体竞争力，需要加强多式联运的发展，促进不同运输方式之间的协同与整合。从运输连接的角度看，港口、铁路货场和公路集散中心等货运枢纽构成了多式联运的关键基础设施。然而，这些货运枢纽在布局、功能和规划建设方面都存在不足，并且在整体使用上也不够流畅，这导致了公路、铁路和水运等多种运输方式难以实现无缝对接。

2）设施设备有待优化

目前，深圳市各种交通方式的设施设备并不一致，多式联运需要各个环节的设施设备间实现衔接，确保整个物流系统的畅通。当前多式联运中常见的装卸设备有集装箱起重机、堆高机、输送机等。

尽管已经取得了一定的成果，但仍存在以下问题：一是设备利用率低，特别是在非高峰时段；二是装卸时间长，导致物流效率下降；三是设备高负荷运行频繁，容易出现设备故障。此外，不同交通方式之间的换乘需要进行瞬间对接，增加了对设备的要求。

3）数据信息共享不够互联互通

不同运输方式在信息化发展程度上呈现出明显的差异。具体而言，民航货运的信息化水平相对较高，已经取得了显著的进展。铁路货运也通过构建如"95306"等信息平台，在信息化方面取得了一定成就。然而，相比之下，公路货运的信息化发展则显得较为滞后。这种信息化水平的不均衡，加之各运输方式技术框架的不统一，使得在多种运输方式衔接时，信息难以互联，给多式联运的顺畅运作带来了一定的挑战。

为了促进多式联运的高效运作，有必要提升公路货运的信息化水平，并推动各运输方式在技术和信息上的融合与标准化。这将有助于实现不同运输方式之间的顺畅衔接，提升整个物流系统的效率和可靠性。尽管深圳市的港口、铁路站和公路物流中心等关键货运节点已经建立了相当完备的信息系统，然而，这些平台之间的协作并不理想。信息在货物运输的不同阶段无法实现即时共享，物流公司、海关和检验检疫等多业务系统的有效联动也遭遇困难。这种情况不仅使得货物追踪变得复杂，更造成了严重的运力损耗。由于多式联运的信息共享和互联机制尚不完善，公路、铁路、水运和民航等多个企业在信息开放方面存在差异，因此很难提供全面一体化的物流服务，也缺乏对供应链"持续链"整体管理的能力。同时，由于缺乏统一的标准和规范，各类信息不能及时、准确地传递与交换，形成信息孤岛。

4）标准规范对接不统一

随着多式联运的深入发展，各种运输方式在诸如单证管理、标准规范等非物质层面的不一致和不协调问题日益凸显。具体来说，各种运输方式对单证管理的规定各不相同，常常导致在整个运输链中频繁换票和重复输入大量信息，这无疑加剧了操作难度并增加了成本。此外，不同运输方式对货物品类的划分也存在差异，导致对应的安全标准各不相同。例如，硫黄在水路运输中被视为非危险品，但在铁路运输中却被列为危险品，这种品类划分的不一致性使得危险品和普通货物在运输管理上的要求大相径庭，给多式联运的顺畅运作带来了挑战。海上运输和铁路运输货类划分和管理要求不一致，技术装备标准不匹配，难以实现货物在不同方式之间的高效流转。各种运输方式对专用集装箱要求不同，专门用于铁路运输的集装箱不能直接用于海上运输，原因在于铁路更侧重于单一集装箱的货物平衡，而海上运输则更注重整艘船的装载均衡。

综上所述，多式联运在发展过程中仍然面临着基础设施不平衡、信息数据难以共享、标准化和协调不足等问题，解决这些问题需要政府、企业等相关方的共同努力，加强协调合作，推动多式联运发展的可持续性和高效性。

5.2 深圳市多式联运服务网络构建体系

5.2.1 高效衔接的基础网络技术体系

构建多式联运的基础网络体系，可从以下几个方面入手：

（1）创新联运交接技术。在推动多式联运发展的过程中，不仅要确保基础设施的互联互通，更应注重联运交接技术的创新。为此，需要加强技术创新，推动铁路深入港口码头前沿和内陆物流园区，实现陆地港化，从而加速运输方式的现代化改造与升级；铁路进港要因地制宜，避免"一张图""一刀切"的做法，可探索采用立体交通构造，如智能空轨集装箱多式联运系统，就是借鉴美国阿拉米达货运走廊的经验，解决港铁联通的技术性难题。

（2）打造多联快车组织模式。以工业制成品、社会消费品、电商快递等批量货物主要集散地为节点，加强与社会物流企业的合作，形成"干线铁路班列+两端集配"的组织模式。

（3）建立特殊的大型集装箱物流中心。创建一个区域性的超级物流中心，从而形成一个类似于港口的陆地港口，并向周围地区辐射。构建物流基地与铁路港口之间的铁路连接线，同时确保客户与基地之间能够通过公路进行顺畅的联通，从而实现门到门的运输，并解决铁路"前后一公里"连接不畅的问题。

（4）加强港口基础设施建设，完善后方陆域服务配套。增加集装箱专用泊位和万吨级泊位。提升各大港口航道通行能力，重点是西部港区大型船舶进出港能力。加快盐田港区东作业区建设，有利于巩固提升其华南地区超大型船舶首选港地位。

（5）积极发展低空经济。依托智慧物流、空中交通、文体旅游、公共服务、工业应用等众多场景，加快建设完善低空经济基础设施项目和产业创新载体，吸引培育优质低空经济产业链企业，加快构建包括研发、制造、运营、服务、保障等在内的低空经济全产业链。

（6）优化公路疏港网络，加强后方港口配套用地管控，探索空间集约复合利用。提升通关效率，推动水路组合港间专线驳船班轮化运输，推进"驳船-大船"中转业务。加速建设以深圳港为核心的组合港体系，扩大粤港澳大湾区组合港覆盖范围，重点聚焦广西、江西、湖南等主要货源地，探索云贵、川渝等潜在货源腹地，提升内陆港辐射范围。

5.2.2 智能协调的载运工具技术体系

（1）加强协调，建立同步升级的设备标准，建造更为高效便捷的设备换乘场所；同时，通过物流园区等建筑模式，建造共享设施和资源的物流中心，实现设备资源的优化利用。

（2）提高装卸设备的利用率，进行设备排队管理，通过科学的调度和合理的分配，减少闲置时间，提高装卸效率；建立多式联运运输网络，合理规划设备的布局和站点的选择，减小装卸距离、缩短装卸时间；引入智能化技术，如自动化装卸设备和物联网技术，提高设备的操作效率和精度。

（3）提高设备搬运能力，通过技术创新和设备改造，增加设备的起重、运输和稳定性能；加强对设备的监测和维护，定期检查设备的磨损和故障，及时采取维修和更换措施。

（4）强化技术装备的研发与应用，着重推进铁路快速运输、空铁（公路）联合运输的标准化集装器（板）等物流技术装备创新；在内陆集装箱发展方面，要对道路自卸货车、岸桥等配套设备进行深入研究；同时，鼓励专门针对冷链和危险化学品运输车辆及船舶进行研发。

（5）加快技术与模式创新，引领全球物流与供应链的发展潮流。一方面，顺应全球物流的发展趋势，充分利用深圳市在高科技领域的产业优势，采用人工智能、第五代移动通信（5G）、北斗、区块链、物联网等先进技术，更好地推动技术与物流应用场景的融合，在物流科技创新、智慧物流设备等方面发力，打造引领全球物流潮流的技术创新体系。另一方面，把握"双碳"目标，推进低碳技术、低碳燃料在物流行业的应用，探索构建以物流排放为标的的碳足迹记录中心，为物流行业的碳排放交易提供基础。

5.2.3 安全共享的数据信息技术体系

（1）建立一个多式联运的一站式信息中心，创建多式联运的智能大脑，并结合当地的特色服务，确保标准业务和特色业务能够同步发展。加强交通基础数据的整合共享，加快建立互联互通、资源共享、开放透明、安全稳定、便捷高效的现代交通运输体系。

（2）在全程信息化的时代背景下，聚焦于作业场所的智能化改造，积极运用云计算、车联网和卫星定位等先进技术对运输路线进行全面优化。通过构建对运输全程动态追踪的系统和对货物状态实时监测的机制，实现货物运输的可查询、可追踪和可追溯功能，从而显著提升整个运输过程的数字化水平，增强其透明性和提升其智能化程度。

（3）推进各种联运方式的数据迅速而全面地开放。这将通过运用高级的信息技术工具，如数据接口服务、嵌入式软件开发工具包和区块链来实现，以确保业务系统的数据接口得以开放。铁路数据开放包括多式联运的始发站信息、装卸作业数据、预计到达时间和实际到达报告等关键信息。道路运输的开放信息则涉及起点和终点、货物详细情况、运输容量、车辆行驶路线及精确的运输时间等。水路运输的公开数据涵盖港口作业、货物存储、船舶动态以及与货物相关的单证信息等多个方面。

（4）完善信息平台建设。为了有效消除多式联运组织中的信息孤岛现象，完善信息平台的建设显得尤为关键。一个高效的信息平台不仅能够促进运输资源的合理分配，还能实现货物的实时追踪。因此，充分利用"互联网+"、人工智能等前沿技术，深入挖掘数据的潜在价值，应积极推动构建多式联运公共信息平台和全程货物追踪信息平台，真正降低信息获取的成本，提高货物运输的透明度，通过加强不同部门、运输方式和企业之间的信息共享，从而促进多式联运的高效发展。

5.2.4 快捷绿色的运输组织技术体系

（1）提升技术装备的环保标准，着重推进智能化交通技术和设备的研发。鼓励应用新能源和清洁型的车辆、船舶及航空器，并规划和建设相应的充电、加气设施，特别是在高速公路服务区域和交通枢纽。提倡在港口和定线运输中运用新能源重型货车。同时，进行船舶与港口岸电设施的同步改造，以加速船舶靠岸时使用岸电的普及。

（2）创新铁路服务方式。为了满足客户多样化和个性化的需求，完善集装箱的供应和需求体系，增加铁路集装箱的保有数量，并对集装箱的种类和型号进行优化。促进集装箱的共享和共用，增加铁路箱的下水量。研究高效的集装箱调运机制，以形成铁路箱"铁水-水铁"经营的良性循环。

（3）形成全程多式联运"一箱制"服务模式，在铁路场站建立海运箱的返回点,为内陆提供箱管服务,进一步推动集装箱的海铁联合运输。建立铁路和船运公司的集装箱协作体系,推动集装箱的有效循环和协同管理。同时,应加速培育如集装箱、半挂车和托盘等专业租赁市场的繁荣。

(4)优化"全程不开箱"操作流程,强化集装箱多式联运货物存储规范。同时,亟须加速集装箱堆场的智能化建设和升级,以促进技术创新与应用。同时,还需要优化集装箱交运环节的拆箱验货等作业流程,减少烦琐步骤,提高作业效率。完善与集装箱相关的多式联运货物堆存标准,完善推动集装箱全程在线跟踪技术应用,如无线射频识别、二维码和卫星定位技术等,以促进集装箱多式联运全程智能化跟踪管理。

5.3 深圳市多式联运服务网络发展策略

5.3.1 深圳市多式联运基础设施建设

1)基础设施及装备硬联通

在公路运输方面,进一步提升公路运输的基础设施建设,优化路网布局,推动关键交通节点和重要通道的建设与升级。加快推进高速公路和干线公路的建设,提高物流运输效率,提升通行能力和运输安全性。强化公路货运枢纽和物流中心建设，推动智能公路和智能物流的应用，发展绿色运输，推动公路运输向低碳、智能化方向发展。

在水路运输方面，加快推进深水泊位布局和港区其他泊位升级改造、航道拓宽工程等工作，促进公共航道、锚地服务功能升级。推动综合保税区与港口的区港联动协同发展，加强综合保税基础设施布局和建设。

在航空运输方面，强化机场的国际物流服务能力。加强土地集中集约利用，注重强化基础设施支撑，优化枢纽设施空间结构及功能布局。以东货运区、南货运区、东北货运区、北货运区四大货运区为重点，完善机场航空物流基础设施体系，构建辐射全球的空港物流枢纽。

在铁路运输方面，补齐铁路基础设施能力不足的短板，加快推动以平湖南一级物流基地、坂田和横岗三级物流基地建设。推进铁路货站建设与土地综合开发利用，实现铁路货站集约化发展。优化提升专用铁路货运设施功能，探索集区域分拨配送、公共仓储、物流信息服务于一体的综合物流设施，形成通达全国的铁路物流枢纽。

在设备上，推动标准化、智能化、绿色化设备应用，在铁路物流枢纽、航空物流枢纽、铁路物流枢纽体系和集疏运体系的支持下，为推动货运装备朝着标准化、智能化及绿色化的方向发展，应大力推广专业化的多式联运设备的使用，同时，注重提升跨方式快速换装转运的装卸和分拣设施的性能和效率。这些举措的实施将有助于优化货运流程，提升运输效率，促进物流行业的可持续发展。积极推动既有货站、货运村等存量设施的更新和功能提升,加快多层仓、智慧仓、冷链仓等设施供应,在提升航空货运核心功能基础上,适当增加物流配套功能。

除此之外,强化联运转运连接的基础设施,促进物流设备与综合交通之间的和谐互动,以构建一个高效且便捷的综合物流集散系统。以铁路、高快速路接驳体系建设为重点,加强铁路物流枢纽、航空物流枢纽、公路物流枢纽、水路物流枢纽之间的快速联系,为多式联运提供通道支撑,构筑内通外联的物流通道体系。

2)规则标准及服务软联通

推动互联互通信息平台建设,依托信息平台,围绕流程共享、位置共享等重点,支撑多方式、多地点枢纽信息互联互通。积极拓展空港枢纽航线网络和海港班轮航线网络。充分利用高速铁路、客机等富余运力资源推动多层次货运服务。推动和支持先进的物流组织模式,包括共享物流、集体配送、集中配送、夜间配送等,并在条件允许的地区尝试发展无人机配送等创新模式。围绕"卡车航班"业务、内陆港业务、中欧班列等业务类型发力,提升陆空联运、公海铁联运实力和影响力。推进通关便利化、无纸化,以"单一窗口""提前申报""一步申报"等为重点,压缩单证转换时间,以提升货物进出港效率。以推广既有标准应用、填补标准体系空缺为重点,引导包含完善的货物品类划分标准、运载单元标准和信息互认规则等方面的多式联运适配标准。

5.3.2 构建深圳市多式联运服务网络

1) 完善铁路通道布局

为了进一步拓宽深圳市与其他国家的铁路通道布局，需要完善"南北贯通、东西贯通、互联互通"的高速铁路通道设计，确保深圳市能够更好地融入国内的经济循环中。对深圳市铁路的多个枢纽系统进行完善。优化城市轨道交通线网布局，新建西丽、机场东等多个综合交通枢纽，并对深圳站、光明城站、坪山站进行改造升级。同时，应该预留城际铁路、城市轨道等多级轨道接入枢纽的条件，以确保未来交通网络的灵活性和扩展性。此外，为了创新国家铁路枢纽的规划与建设管理方式，积极推动分层设权和分层供地模式的实际应用，力求实现枢纽与其周边城市土地的高效融合与一体化规划建设，从而推动城市交通系统的优化升级。

2) 完善物流网络的建设

一是物流枢纽建设。物流枢纽不仅是整个物流体系的关键基础设施，也是货物在物流网络中的主要集散中心。深圳市正在稳健地推动商贸服务型、空港型和港口型这三大国家级物流枢纽的发展。生产服务型国家物流枢纽是由西北片区和东南片区两部分组成的。其中，西北片区主要聚焦于物流产业的培育，而东南片区则以多式联运为核心。重点发展了多式联运中心和铁路物流中心。加快推进保税物流园区建设。作为一座以空港为中心的国家物流中心，其设计包含了五个关键区域，旨在打造一个融合深圳市特色的临空产业体系。

该中心着力推动航空物流、供应链管理、先进临空制造业及现代临空服务业等多领域的并行发展,以实现这一目标。为此,该枢纽正在积极推进多个项目的建设工作,如机场东货运区国际转运一号货站和南货运区货代一号库等。通过构建以"陆港"为重要支撑,"空铁"联动、"海陆"结合的立体交通体系,以及实现"港城一体"的发展目标,该枢纽旨在提高物流效率、优化资源配置,进一步推动深圳市的经济发展。通过优化货物运输航线网络,确保国际航空物流的畅通无阻,从而实现枢纽运输能力的飞跃式提升。

二是物流园区的规划。物流园区的规划是至关重要的,它作为产业上下游之间的桥梁,是物流活动的关键平台。因此,平湖物流园的规划和建设特别受重视,以满足中心城区居民的消费需求、附近的生产活动需求、区域的生产组织和经营需求。园区选址应充分考虑区位优势和交通便捷程度,在保证安全的前提下进行科学布局。

三是在选择配送网点的位置时,应考虑国家和省级主干道以及区县乡村公路等主要和次要交通线路。首要选择交通便利、适合各种物流运营的县城、中心城镇以及重要的商贸物流城镇。应聚集城乡配送网点的建立,以保证"农产品进城,工业品下乡"的双向流通渠道顺畅。尤其要重视县级、中心城镇以及商贸物流关键地区的配送网点建设,以此促进物流网络的优化和高效运行。

3)构建内联外畅物流大通道

搭建一个内部互联、外部流畅的物流大通道。将深圳市的各种交通网络，如公路、铁路、水路、航空以及物流中心、物流园区、物流中心和配送站点紧密连接，打造一个以深圳港、深圳宝安国际机场和平湖南物流园区为中心的物流中心，形成一个多式联运的内部循环空间网络。

同时，还要通过建立和完善与之相匹配的政策体系、法规体系及标准体系等来促进多式联运发展。为将深圳市建设成高质内陆开放枢纽，需要构建一个保障货物流通的全球多式联运物流系统。该系统应覆盖深圳市的东、南、西、北四个方向，塑造一个连通国际的多式联运网络，以确保内外贸易的顺畅进行。

5.3.3 深圳市多式联运组织模式管理策略

1）大力发展"卡车航班"业务，探索推动空铁联运

提升"航班+卡车航班"联运能力，推进航空与"卡车航班"运输的物流合作，在货源信息共享、货物分拨转运、快速集疏等方面，探索制定陆空联运设施标准和转运流程，建立快速直达的陆空联运快件货物通道。整备深圳宝安国际机场北动车所用地，与动车所复合建设多式联运货站，为发展"航空+高铁"快速货运系统提供支撑。

2）推动布局内陆无水港，大力发展海铁联运及水水中转

创新集装箱内陆港运行服务模式，大力发展公铁海联运。鼓励有关企业深入应用"预渡柜""站搬"运营等模式，提升集装箱联运运转效率。发挥海铁联运干线运输能力，打造国

家物流枢纽陆海互联、干支衔接和区域甩挂的高效融合示范基地。进一步完善"东进东出、西进西出、东西沟通"的公路集疏运通道格局,进一步优化疏港货运交通组织。积极设立湖南、湖北、江西、重庆、四川、贵州、云南等省份内陆港,进一步扩大内陆港覆盖范围,吸引内陆地区货源向深圳港集结,打通高效便捷的中部、西南外贸货物海铁联运大通道。

3)完善多式联运相关标准体系

完善多式联运标准体系。推动公路、铁路、港口、航运、代理等企业以资源共享为纽带强强联合,推广应用国家标准的单据。支持港口、航运、铁路、机场、综合物流等企业积极制定多式联运装备设施、操作规程、电子单证、运营服务等方面的地方标准或团体标准,参与国际国内多式联运相关标准规则的制修订工作。

4)提高多式联运标准化运载单元使用率

推广应用标准化技术装备。提升航空物流、港口物流安保链条规范化和标准化水平,实现模式统一、标准一致。积极推动标准化托盘在集装箱运输和多式联运中的应用,支持环保周转箱、冷链物流箱等装载器具循环共用。依托国际航空货运及港口航运发展,积极与铁路部门合作,探讨装载单元标准化,推进起重机吊具、叉车等快速转运装备标准化、绿色化建设。支持相关企业开展集装箱、半挂车、托盘等专业化租赁业务,提高换装效率。

5）合理调整运输结构

公路运输所占的比重较大，而铁路的运输能力不足，这也是深圳市物流成本持续居高不下的主要因素。针对分散的公路货运压力，首要策略是转向铁路和水路运输。需着力提升铁路运输的效能，大力推广集疏港铁路，并增多标准化铁路列车。同时，应当积极推动集装箱的多式联运和铁水联运，以提升整体效率和效益。另外，应拓展铁路无水港的服务领域，并与海关、检验检疫等部门建立紧密合作，确保顺畅的申报、检查和放行流程。这样可充分利用铁路运输的经济性和节能性，发挥各种运输方式的互补优势，从而优化运输结构。

6）提升综合服务能力

流畅的多式联运运行不仅需要高级的信息系统支持，而且要求具备完善的综合转运设施和明确的操作流程。因此，应当在当前基础上加强"互联网+"环境下的综合性运输网络和平台的发展。首要任务是构建一个大型的区域物流中心，升级基础设施，并推行集装箱共享体系，以便各种运输模式能够无缝对接，形成一个多功能的综合运输枢纽。此外，需对运输、生产及流通等各个阶段进行全面优化。同时，借助先进的设备和技术，以及高效的操作模式，不断改进货物运输流程，以达成更高效、更便捷的物流运营目标。同时，还要对货物在各个节点之间的流转情况加以监督和管理，从而保证整个供应链中各个环节的高效运转，使企业降低成本、提高市场竞争力。最后，应该从客户的需求和未来的发展方向出发，探索多式联运服务的新模式。

ововия
6

深圳市物流组织模式
和行业管理体制机制创新

6.1

深圳市物流组织模式和管理体制机制现状分析

6.1.1 深圳市物流组织模式现状

我国的物流组织的发展大致可以分为四个阶段：第一阶段是物流功能集成化发展阶段，第二阶段是物流功能一体化组织阶段，第三阶段是物流过程一体化组织阶段，第四阶段是虚拟与网络化物流组织阶段。在现如今物流组织发展的过程中，呈现出由职能垂直化向过程扁平化的转化，由固定刚性化向临时柔性化的转变，由内部一体化向虚拟化、网络化发展的趋势[9]。深圳市作为改革开放前沿发展城市，物流业是其支柱性产业之一，在物流组织模式的转变过程中，仍存在如下问题。

1）物流企业竞争激烈，同质化严重

对于物流行业，相较于研发等技术层面要求高的行业，其进入门槛较低，在某种程度上，拥有订单、配送车辆、相应的操作人员、小范围客户，即可完成简单的物流配送服务。因此，会产生许多具有相同性质的物流企业，在丰富的物流业务范围内只能完成简单的配送、仓储、订购等业务，导致物流市场的物流企业同质化严重,市场价格竞争激烈,企业之间避免不了存在压低运价、抬高仓库租金等恶性竞争的情况,很有可能会使得物流行业陷入停滞不前的困境。深圳市物流企业大致可以分为七类:运输类,货代类,快递类,供应链类,仓储类,综合服务类,物流配送类。天眼查的数据显示,在深圳市注册的交通运输、仓储和邮政业的企业有10000余家(表6-1),仅属于装卸及仓储类、注册资本在0~100万元的企业就有5000余家,市场价格的激烈竞争由此可见。

深圳市各区域相关企业数量 表6-1

区域	企业数量(家)	区域	企业数量(家)
罗湖区	21187	光明区	4725
龙岗区	43501	宝安区	51473
坪山区	2252	龙华区	17972
南山区	24121	福田区	22490
盐田区	11023		

2)具有供应链性质的企业有待进一步发展

物流供应链即一条有机的物流链条,是从产品或服务市场需求开始,到满足需求为止的时间范围内,所从事的经济活动中所有涉及的物流活动的部分所形成的链条。简单来说,物流供应链可以分为生产、采购和市场营销三部分。有别于传统物流中的运输和仓储,供应链模式是随着我国物流业的发展而产生的更高级的物流模式。该模式的兴起,对于有着坚实物流设施基础、丰富货源和资金的大型企业,可能很容易就能实现转型升级,但很多中小型带有供应链性质的企业,并未能真正理解"物流供应链"的内涵。利用天眼查统计,在深圳市公司名称带有"供应链"关键词的企业共有41246家,但现实情况是,深圳市许多供应链企业将供应链看成是一种从上游到下游的物流移动,是一种连接,并没有将其当成一种战略关系与增值的过程,并没有认识到供应链是从供应商、生产商、分销商到最终用户的网联结构,而认为它是一种临时的短联结构,能够为客户提供的供应链服务仍停留在运输这个范围。在组织结构内部,大多数企业还是保持着计划体制的物流组织结构,即采购、生产、销售等物流相互分割的、机械的、刚性的科层金字塔结构[10]。在向供应链型企业转型的过程中,因为受到实力薄弱、资金来源少、货源匮乏、市场竞争激烈等不利因素的限制而困难重重。

3)物流企业的信息化管理系统效率有待提高

进入21世纪,工业互联网、智能化、自动化的时代特征越来越突出,物流行业更加需要对大数据、区块链等新兴技术有所掌握和运用。但是在现实发展过程中,我国中小物流企业信息化水平普遍偏低,基本上没有相应的配套信息化管理系统,建立一套符合企业自身发展需求的信息化系统投资大、回报周期长,这是中小物流企业不愿在信息化方面投资的一个原因[11]。因此,有的物流企业并未重视这一点,例如深圳市某公司,没有充分借助大数据、人工智能等信息技术,对物流管理各环节流程内的信息数据进行有效的收集、整理、分析和储存,没有形成物流管理信息数据库,对各类信息数据的共享能力较差，所以不能为企业的物流管理信息化提供有效的支撑[12]，这类企业没有抓住时代发展势头，在作业过程中，对各层次的信息系统的认识不够全面，在组织模式管理中依然选择传统的数据库管理方式，对信息管理系统不做升级处理，缺少获取信息的渠道，造成信息传递不及时、信息资源不对称、实时监控和做出及时调整困难、企业间容易形成"信息孤岛"现象等不利于物流企业发展的问题，影响深圳市整体物流行业的发展态势。物流信息系统层次示意图如图6-1所示。

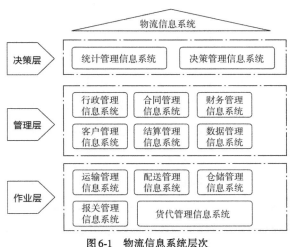

图6-1 物流信息系统层次

6.1.2 深圳市物流行业管理体制机制现状

相较于发达国家，物流行业在我国起步较晚。我国的物流管理涉及行政管理机构、物流专业经营企业、个体物流企业等不同的主体，已经发展成为一个具有多元化特征的管理体制。虽然目前深圳市在物流管理体制机制的改革方面有一定的发展基础，但是从宏观视角看，深圳市物流行业仍处于初步发展阶段，还存在如下问题。

1）缺乏统一的物流法律法规，行业规范标准尚未完善

现如今，我国并没有一部专门的系统性的物流相关的全国性法律法规，包括深圳市在内，现行的物流法律法规大部分是参考相关利益的组织法律法规、物流国际公约、物流国际通行惯例等设立的。诸如合同法律关系、侵权法律关系等，仍借助《中华人民共和国民法典》《中华人民共和国电子商务法》中针对合同与服务的相关法律规范对相关法律关系进行调整与规范，针对物流企业的资质核准、行业监管等事项的规定则见于《中华人民共和国公司法》《中华人民共和国合伙企业法》《中华人民共和国外商投资法》[13]。物流行业涉及的交通运输部门、海关部门、城市管理部门、税务部门等，各自为了协调利益，在对物流行业的管理体制机制上存在不同的制度，导致在整个流程中协调能力不足，而且由于许多规定都是以意见、通知的形式出现，大多数企业习惯各自为政，从而忽视行业规范标准，交易矛盾不可避免，权责也很难明确。例如，在第三方物流企业税收方面，税收政策中，成品油和道路、桥、闸的通行费满足一定的条件后，进项税额准予从销项税额中抵扣，而有些企业为了逃避这部分税费，选择大量购买油卡自用或者交由货车驾驶员抵扣运费，这会使得国家税款流失，导致物流行业的乱象。

2)物流人才培养管理机制不完善

由于物流行业涉及面广,需要更多的复合型人才,他们既要掌握丰富的理论知识,也需要有较强的应变处理紧急问题的能力。但在现实中存在物流人才没有受到重视、职业培训不规范、高等教育功能定位模糊等问题,因此,即使是作为改革开放前沿发展城市的深圳市,同样存在物流人才缺口大的"痛点"。特别是近些年智慧物流的发展,使得更多企业青睐于理科人才,对物流人才提出更高的要求。但真实情况是,由于大众对物流传统观念并未实现质的转变,仍停留在传统物流配送环节,并且物流行业在起薪待遇层面相较于互联网产业并不占据优势,因此许多适合接受培养的人才并不选择在物流行业深耕,造成人才流失。除此之外,根据有关学者对深圳市22家企业进行的人才需求分析结果(图6-2),相较于学历,深圳市企业用人更加看重的是人才的经验和能力,占比为72.73%,从侧面反映出物流行业是需要经验积累的行业,物流人才培养的过程耗时长并且需要高额投入,因此并不是所有企业都愿意花费大量的人力、物力、财力构建完善规范的物流人才培养机制。

3)物流行业诚信建设缺乏约束机制

各行各业要想在竞争激烈的市场环境中立足,最离不开的还是诚信建设,纵观物流业的发展,即使是处于治安管理等较完善的深圳市,货代卷款"蒸发"、寄递服务不到位、物流企业偷税漏税等缺乏诚信的行为依然存在,对物流市场的秩序造成扰乱,制约行业健康发展。深圳市都市交通规划设计研究院杨玉峰在探讨深圳市道路货运行业信用建设时提到：行业信用是基于自律的履约能力和履约意愿的诚实信用关系和基于他律的法律法规约束、行业监管和社会监督的总和。在物流货物运输这个环节，有关数据显示，深圳市的全市道路货运业户超过9474家，行业体量大、运力分散，容易滋生无序价格竞争、熟人非标交易和分包挂靠，失信人员和企业被淘汰后仍然有空子可钻，造成恶性循环，某些货代公司为了自己的利益，以私自更改运输渠道、乱收费、时效延误等手段威胁客户，近几年深圳市国际货代协会在官网公布失信黑名单（表6-2），为客户选择货代公司提供参考。除此之外，物流行业的寄递服务也缺乏诚信建设，主要体现在物品的检验不严格、物品的储存不规范等方面。由此可见，物流行业的诚信建设必不可少，对其制定严格的约束机制刻不容缓。

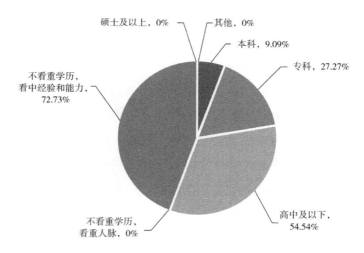

图6-2 深圳市人才需求学历结构图

2020—2022年深圳市国际货代协会 表6-2
公布失信企业数量

年份（年）	黑名单企业数量（家）
2020	1246
2021	39
2022	104

4）绿色物流长效发展机制有待完善

随着我国电子商务的兴起，加上"双11""双12"等各大电子商务平台的优惠活动，人们更愿意在线上购物，很多商家都会保证七天无理由退换以及赔付运费险，使得线上购买不满意的物品能够退换，在一定程度上刺激了物流行业的进一步发展。但从另一个角度分析，在大多数人选择不再二次利用快递袋的情况下，就会产生物流包装浪费的问题，造成环境污染，因此，政府会采取向企业征收包装袋税的形式倒逼企业研发可降解的包装袋，但有些企业则会认为其中的税费并不会影响整体收入情况而选择置之不理，政府采取的征收包装袋税措施的作用微乎其微，达不到保护环境和训诫的效果。再者，调查数据显示，深圳市在近几年交通领域碳排放规模整体呈上升趋势（图6-3），在2019年达到2357万t，与发达国家的城市相比，是纽约的1.9倍，洛杉矶的3.6倍。

并且，在货运交通碳排放构成中，重型物流车（柴油车）占到88%，新能源车仅占3%（图6-4）。因此，坚持绿色物流长效发展机制任重道远。

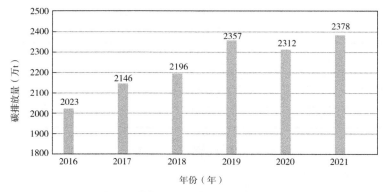

图6-3 深圳市交通领域历年碳排放规模

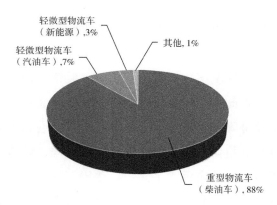

图6-4 货运交通碳排放构成

6.1.3 深圳市物流服务标准存在问题分析

深圳市位于中国珠江三角洲的关键位置,毗邻香港,经济蓬勃发展,而且外资活动频繁。深圳市近年来见证了现代物流业的迅猛且全面的增长,在物流领域,深圳市的市场规模和效率在全国均名列前茅。数据显示，2022年深圳市物流业增加值为3302.23亿元，占当地地区生产总值的比重逾10%，这一增长吸引了大量的投资和企业。

现代物流业对提升深圳市的综合竞争力、创新能力及国际化水平起到了举足轻重的作用，现已成为深圳市四大经济支柱之一。深圳市物流业秉持着以市场为导向、以企业为主体的原则，汇聚了约8万家各类物流企业，包括综合物流、供应链服务、仓储、运输配送及货运代理等，其中重点物流企业已超过100家，支撑着深圳市向外向型经济发展。

然而，现代物流业的蓬勃发展离不开物流服务标准的支撑。物流服务标准是整合物流服务的基石，缺乏标准的指导，物流服务将面临效率低下、质量不稳定等问题。当前，物流服务标准优化研究成为推动深圳市物流业进步的首要任务。

尽管我国物流服务标准的研究工作起步时间较晚，但近年来在各部门的共同努力下，已取得了显著进步。权威统计数据显示，我国目前已制定了近千个与物流紧密相关的标准，其中包括《中国物流标准化体系规范》《商品条码》以及《物流单元条码》等重要文件。在2022年，国务院办公厅颁布了《"十四五"现代物流发展规划》，与此同时，深圳市也发布了《国家标准化发展纲要》，以期推动物流服务标准的进程。但与其他先进国家或城市相比，深圳市在物流服务标准方面仍存在明显差距。具体来说，深圳市物流服务标准面临以下几个主要问题。

1）物流服务水平和质量参差不齐

深圳市消委会消费维权公共服务数据显示（图6-5），深圳市主要的快递企业在快递物流服务消费评价指数方面表现出明显的差异，这一差异不仅反映了各物流企业在服务质量上的不同表现，也凸显了深圳市在现阶段物流服务水平提升上的迫切需求。

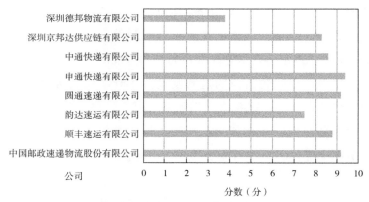

图6-5　深圳市快递物流行业消费评价指数得分情况

"315消费通"小程序投诉统计数据显示（图6-6），深圳市圆通速递有限公司收到的投诉量较大，达到2407次，其他几家快递公司收到的投诉量也居高不下，这在一定程度上反映出深圳市物流服务的质量和效率有待提升，如不加以重视和改善，可能会对深圳市物流业乃至经济的整体发展造成一定的影响。

2）标准执行难度大

尽管我国已经推出了众多针对物流标准建设的具体措施，但这些标准的推广和应用进展却异常缓慢。这背后的原因有两方面。一方面,国家在制定这些标准时,企业的参与程度相对较低,导致部分标准在实际操作中并不符合行业实际需求,进而难以得到有效贯彻和实施。另一方面,许多物流标准仅为推荐性标准,缺乏对企业的强制性约束力。因此,物流企业在实际操作中,会综合考虑多方面的利益因素进行取舍,这无疑在很大程度上制约了物流服务标准的进一步优化和发展。

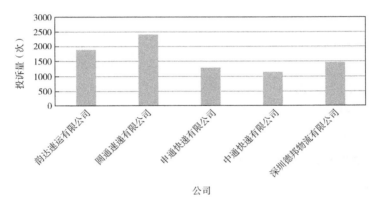

图6-6 深圳市快递物流企业投诉量

3)从业人员紧缺且标准化意识不足

2021年国家统计局的一份数据显示,全国约有44%的制造业、物流业企业反映"招工难是他们面临的最大问题",且在人社局发布的2022年第二季度全国招聘求职的100个紧缺职业上,快递员位列第二,车工位列第三。除此之外,目前深圳市物流行业的多数从业人员是转行而来的,他们往往缺乏正规的物流教育和培训,因此对物流服务标准的重要性认识不足,这在实际操作中也会影响服务的效率和质量。

4）技术支撑薄弱

虽然深圳市是经济与技术发展处于全国前沿的城市，但在物流服务标准领域的技术应用和创新方面相对不足，大部分物流企业缺乏先进的信息技术和智能设备的支持，这也制约了物流服务标准领域工作的推进。

6.2

深圳市物流组织模式创新路径

深圳市与上海在地理位置、经济基础、设施建设以及发展过程中遇到的问题等方面有一定的相似度，上海市物流业的组织模式创新对深圳市的物流组织模式创新发展有一定的借鉴意义。基于深圳市物流组织模式上存在的物流企业同质化严重、具有供应链性质的企业有待进一步发展、信息化管理系统效率不高等"痛点"，结合国内外本行业的经验和深圳市区域发展特色，本书提出以下四点建议。

6.2.1 重视物流园区建设，提高产业服务水平

产业集群理论于20世纪20年代出现，是一种西方经济理论。该理论是在20世纪90年代由美国哈佛商学院的竞争战略和国际竞争领域研究权威学者麦克尔·波特创立的。其含义

是：在一个特定区域的一个特别领域，集聚着一组相互关联的公司、供应商、关联产业和专门化的制度和协会，通过这种区域集聚形成有效的市场竞争，构建出专业化生产要素优化集聚洼地，使企业共享区域公共设施、市场环境和外部经济，降低信息交流和物流成本，形成区域集聚效应、规模效应、外部效应和区域竞争力。

深圳市的物流园区根据不同区位和不同功能定位，大致可分为9类物流园区，见表6-3。

深圳市主要物流园区及功能　　　　　　表6-3

园区名称	功能
盐田港物流园	运输、装卸、中转、仓储、拆拼加工、海关查验等，建成以保税物流园区为基础的区域性国际物流园区
前海湾物流园	集装箱中转业务，服务于深圳市西部港区的综合性枢纽
大铲湾物流园	服务于未来大铲湾港口集装箱国际物流园区
航空物流园	专业化航空物流基地
龙华物流园	国际集装箱堆场和进出口保税仓储
平湖物流园	综合枢纽型，集装箱、仓储配送和专业批发
笋岗—清水河物流园	专业批发市场，重点辐射罗湖、福田
宝安物流配送中心	消费型物流节点及区级配送中心
龙岗物流配送中心	为龙岗中心区及周围地区的消费物流提供服务

深圳市对物流组织模式的创新应该继续重视物流园区的建设，考虑物流企业的诉求，合理建设园区，同时要按现代化园区标准建设，投入相关增值服务和配套设施，最重要的是给足中小型企业入驻产业园的机会，在租金、入驻要求等方面适当降低门槛，聚集中小型物流企业力量，产生产业集

群效应，继续实施示范物流园区工程，发挥示范物流园区的作用，构建布局合理、功能适用、智慧绿色的物流园区，也能够在一定程度上帮助中小型企业共享行业信息，助力初创企业成长，推动深圳市物流行业持续健康发展。

6.2.2 不断拓展物流服务，提高行业竞争力

物流服务不仅是简单的货物运输，还包括仓储、配送、包装、装卸搬运、流通加工、信息处理，而每个环节又可以不断细分工作内容。深圳市以其物流业良好的发展态势和庞大的市场需求，仍在不断吸引不同性质的物流企业入驻，据统计，深圳市现有物流类企业达到8万家，根据广东省物流协会公布的"广东省A级物流企业名单"，深圳市共有303家A级物流企业，占全省的55%。物流企业想要在竞争激烈的市场中取得一席之地，需要跳出舒适圈，不断拓展自己本身的物流服务，增加增值服务，拓宽客户市场。我国冷库产业代表性企业主要分布在江苏、上海、浙江等华东地区以及广东、北京等一些经济发达地区。深圳地区气候温和，冷链车运输顺畅，深圳市现有冷库容量30万t，10万t的冷库正在筹建中，大小冷库近2000座[16]，表明冷链物流的需求量巨大。在天眼查搜索"冷链"关键词发现，注册的冷链物流公司仅有2342家，与运输类企业相比数量较少。物流企业应该瞄准市场发展态势，分析市场缺口和需求，结合自身各方面能力，抓住机会发展冷链物流或者其他物流服务。

6.2.3 重视现代物流技术的应用,提高信息化管理效率

信息化水平已经成为反映物流行业和物流企业核心竞争力的重要指标。美国、日本等发达国家通过实施信息化战略,实现了物流业的质的飞跃发展。现代物流的发展趋势呈现出全球化、多功能化、系统化、信息化和标准化的特征[17],发展智慧物流是传统物流实现转变的目标,而在这样的发展背景下,对物流技术的应用显得极为重要。深圳市由于其得天独厚的地理位置、经济基础等优势条件,比其他城市更适合,也更有优势发展现代物流技术,中小型企业应该找准发展定位,利用好区位优势,不能仅局限于眼前的利益和成本,而忽视未来现代物流技术带来的发展红利。政府层面,应该大力推动科创赋能,通过补贴、政策支持等方式鼓励有条件的物流企业全面实现使用无线射频技术、无人配送技术、智慧仓储等现代物流管理方式,提高全市物流运作效率。物流企业应该积极改进内部信息管理系统,包括系统升级、更新速度等方面,提高企业工作效率,保证数据的真实性和准确性,推动办公方式朝数字化、智能化方向发展。

6.2.4 推动多式联运组织模式的发展,提高运力资源利用率

深圳市拥有优越的地理位置和经济发展基础,拥有全球

第四大集装箱枢纽港深圳港，拥有全国五大航空物流枢纽深圳宝安国际机场，拥有货运集疏的公路和铁路，使得进出口贸易、国内货物运输、同城运输需求不断增加。因此，深圳市应该持续推动水水中转、海铁联运、陆空联运等多种适合地区发展的联运模式，加强联运转运衔接的设施建设和设备标准化衔接，从而达到最大化利用运力资源、简化托运手续、缩短运送时间等联运效果，同时构建多式联运模式信息共享平台，使得运输全过程公开透明，真正实现"一单制"，提高整体运作效率。例如，近年来，深圳市海关创新推出"MCC前海"新物流模式，该模式使得前海综合保税区能够直接对接香港特别行政区、深圳市、广州市三地机场航班，支持在保税区内一站式完成订舱、集货、分拨、配载等运作流程，同时联合推进澳门机场合作项目，打造"全国揽货-前海集拼-机场直飞"的进出口贸易生态圈。

6.3 深圳市物流行业管理体制机制创新

基于深圳市物流行业管理体制机制上存在的法律法规不完善、物流人才培养管理机制不完善、诚信建设缺乏约束机制等"痛点"，结合国内外本行业的经验和深圳市区域发展特色，本书提出以下四点建议。

6.3.1 建立完善的高校物流人才培养机制

一个行业的持续健康发展离不开人才的建设。深圳市作为各方面高速发展的现代化大都市，在充分利用城市环境、城市政策的包容性、城市福利等优势条件的前提下，还需要完善物流人才培养机制，不断吸引更多优秀人才加入进来。从政府层面上看，促进深圳市高校和职校的物流管理等相关专业的设置，开展多样化的教学，让本专业的学生看到行业发展的前景，激发学习兴趣，愿意在完成学业后留在深圳市并且在物流行业实践中深耕。除此之外，需要汲取国内外国家或地区在高校专业设置上的优秀经验，敢于创新。例如，可以设置毕业生就业反馈机制，定期反馈行业信息，同时能够分享就业经验，从而做到理论与实践相结合，对不合理的课程设置给出参考建议，为区域提供稳定的物流人才。从企业层面上看，人力资源或者管理层要重视对应届生的培养，在宣传企业组织文化的同时，要善于发现应届生的闪光点从而为其安排合适的岗位，不能只关注员工数量而忽视员工质量，只关注公司业绩而忽视员工需求，只有真正重视人才培养，才能留住人才，促进企业人才建设和持续发展。例如，顺丰为应届生设计了一套完整的培养方案，从浅入深，从基层到管理层，充分调研实际实践情况，倾听诉求，每年不断迭代更新，为企业输送了许多优秀的人才。

6.3.2 充分发挥物流协会的作用

物流协会作为企业和政府联系的重要桥梁和纽带，是现代物流业的重要组成部分，是推动现代物流业发展的加速器。深圳市物流与供应链管理协会成立于1994年，以"打造物流与供应链行业企业家精神家园，推动中国物流与供应链行业规范化、高端化、国际化发展"为使命，以"跨界融合、协同创新、合作共赢"为服务理念，一路披荆斩棘为物流与供应链行业的蓬勃发展保驾护航。深圳市物流行业协会成立于2015年，是一家经深圳市社会组织管理局批准成立，具有独立法人资格的综合性行业协会。但是在发展的过程中，协会的权威并没有被所有物流企业和社会界所认可，所以政府要积极推动协会各项体制机制的完善，强调协会的作用，让协会在发布行业资讯、人员培训、产学研合作等方面发挥作用，让初创物流企业或者处于瓶颈期的企业能够及时获取行业信息，得到有效帮助，从而渡过难关。物流协会还可以利用网络媒体，通过微博、公众号、小红书、抖音等用户使用数量大和舆论影响程度高的平台，宣传优秀企业的优秀案例，发挥企业标杆作用，充分调动本行业其他企业在管理体制机制创新上的积极性，促进行业持续稳定发展。

6.3.3 加强对物流行业的诚信建设

深圳市物流行业的诚信建设主要体现在两个方面：一是

企业层面，政府相关部门应该严格把控失信人员和企业名单，制定业内成文规定，严厉打击违法企业运输违禁物品和偷税漏税的现象，利用物流协会或者新闻公告的形式曝光失信人员和企业，避免出现换个营业执照或者经营方式继续做违纪违法业务的情况，以起到警示的作用，为物流行业发展提供良好的信用环境；二是社会层面，与市民息息相关的物流环节主要有包装、运输、寄递服务，常有发生快递丢失、盗窃、利用寄递服务漏洞进行非法交易等不良事件，尤其是在高校或者是城中村发生的概率极高，因此，相关网点应该加强网点周边监控，健全匿名举报机制，对失信人员进行合法的罚款等警戒处理，加强行业诚信建设。除此之外，还需要重视物流服务的评价机制，这在一定程度上能够提高网点管理水平和服务人员的素质，促进物流行业的持续健康发展，提升市民生活的安全感和幸福感。

6.3.4　坚持绿色物流的长效发展机制

近年来，交通运输部、国家邮政局、国家市场监督管理总局等相关部门都发布过关于推进绿色物流的政策，深圳市作为全国领先示范标杆城市，更应该在绿色物流发展做出表率。政府层面，应该继续加强政策引导，鼓励物流企业在物流作业环节和物流管理中重视绿色可持续发展，积极推广新能源货运车辆以及甩挂运输，合理设置充电换电站，减少资源浪费，综合运用行政手段和法律手段，完善处罚和激励机制,激发企业和公众的绿色环保意识;企业层面,在发展的过程中贯彻绿色发展理念,加快技术革新,更新迭代旧设备,研发低碳环保的设备,完善废弃物循环利用体系,选择绿色环保材质建筑等,例如在包装上,积极采用可降解的塑料袋、安全材质的可循环利用环保箱,提高利用效率,同时企业之间需要达成协作,互相汲取优秀的绿色物流发展经验,尝试共同规划网点和配送中转站,权衡各类资源,既可实现企业共赢,又可保护生态环境。

6.4 推动深圳市物流服务标准化建设路径

在深入研究深圳市物流服务标准体系后,可以发现各指标的权重分布呈现出一定的差异性。具体地说,一级指标中,物流服务质量标准的权重最大(0.4112),其后依次为物流服务基础标准(0.2224)、物流服务考核与评价标准(0.1708)、物流服务技术标准(0.1487)以及增值物流服务标准(0.0469)。在二级指标中,货物运输安全与可靠性标准(0.2219)、配送服务标准(0.1615)、物流运作效率标准(0.1221)、信息化建设标准(0.0802)和成本控制与经济效益评价(0.0797)位列前五。基于这些发现,本书将从政府、企业和行业协会三个维度,提出针对性的政策建议,以推动深圳市物流服务标准化的发展。

6.4.1 政府层面：加大组织与协调力度

在基础设施建设与环境标准化方面（鉴于其在一级指标中的显著权重），政府应出台相应政策，提供资金扶持和税收优惠，从而激励物流企业投资于基础设施升级和引入绿色技术。同时，必须设定并执行严格的环境和安全规范，通过定期审核和监督机制确保企业遵守这些规范。

服务质量管理标准化（作为权重最大的一级指标）的推进也至关重要。政府需要制定全面的服务标准和质量控制指导原则，以促进全市物流服务的一致性和高品质。

此外，政府还应倡导并鼓励企业采用物联网、大数据分析等尖端物流技术，为此可以提供财政补贴或技术支持，以加快技术标准与数据标准的推广和应用。

6.4.2 企业层面：增强标准化意识与实践

物流企业需要重视环境与设施的标准化，包括投资兴建现代化仓储和配送设施，使用环保材料和节能运输工具，同时实施严格的安全管理措施，确保货物安全和数据保密。

在服务及配套标准化方面，企业应建立完善的标准化服务流程，旨在提升客户体验并确保服务质量的稳定。

技术创新同样是企业不可或缺的一环。企业应积极探索和采用新技术,例如通过射频识别(RFID)技术提升仓储管理的精确性,进而提高物流服务整体的效率和精确度。

6.4.3 行业协会层面:发挥引领与桥梁作用

行业协会在制定和推广标准方面扮演着关键角色,深圳市物流协会可以参与制定行业标准,并协助政府和企业理解、实施这些标准,还可以通过组织培训和研讨会等活动,帮助企业深化对标准化重要性的认识并加以应用。

同时,物流协会还应积极推动统一的技术和数据标准,以提高不同企业之间的互操作性和促进数据共享,进而可以促使整个物流行业标准化进程不断向前发展。

7

深圳市建设物流中心城市的发展建议

与其他物流中心城市相同，深圳市有着独特的区位条件，完善的交通运输网络，配套的城市建设规划和相对发达的现代物流业。但在建设物流中心城市的过程中，深圳市存在着物流国际化水平低、物流网络联动不足、物流业创新能力弱等问题亟待解决。综上所述，为将深圳市打造为全球性物流中心城市，本书提出以下建议。

7.1 发挥政府主导作用，提供政策支持

物流中心城市的建设是一个系统工程，需要调动各方面的要素，其中政府起着主导性的作用。纵观全球各大物流中心城市，其建设过程中都有政府正确指导、系统规划并提供配套的政策支持。深圳市政府应发挥深圳市的区位优势，把握"一带一路"倡议的发展契机，助力深圳市走向世界，提升深圳市对全球的物流辐射能力和全球连接性。贸易是带动物流发展的关键因素，为增强深圳市物流业的国际性，深圳市政府应出台自由贸易的相关政策，依托经济特区的优势，吸引世界各地的企业来华开展贸易。同时，提供相应的资源，支持本土企业主动"走出去"，加强与世界的双向联系，推动国内国际双循环。

7.2

完善基础设施，构建物流枢纽中心

物流基础设施是建设物流中心城市的硬件基础。深圳市应该充分利用其独特的区位优势和交通便利性，发展多式联运，构建物流枢纽中心。首先，改造升级港口码头的基础设施，建设自动化、智能化、绿色化港口。其次，合理规划铁路和公路建设，加强陆路设施与河运、海运、空运的衔接。最后，加强深圳宝安国际机场与航空货运企业的合作，提高机场的货物运输能力。物流枢纽中心的建成将在现代物流体系中起到推动物流效率提升和经济发展的重要作用。

7.3

培育龙头企业，带动产业链、供应链

少数物流巨头对物流中心城市的建设有着极强的推动作用，并且能带动对物流效率要求高的相关产业在此集聚，有利于产业链、供应链的协同发展。例如，联邦快递就创造了一家物流公司成就一个机场、一座城市的奇迹。目前，深圳市本土的知名物流企业有越海全球、顺丰控股、跨越速运等，深圳市政府应该为其提供个性化、专业化、贴心化的政策支持，帮助企业解决发展中的重大难题，提升企业的国际竞争力。通过各大物流企业的崛起，带动港口、机场、货运站及其周边地区的产业集聚，促进物流业与其他产业的联动发展。庞大的产业链、供应链将有助于深圳市打造全球性港产城、航空城。

7.4 加强物流人才培养和科研创新能力

一个成功的物流中心城市，需要大量的物流人才来支撑和推动其发展，物流人才的集聚也有助于推动物流创新和技术进步，推进物流产业的发展和升级。深圳市的高等教育资源丰富，可以依托高等院校设立物流研究院，开展专业化人才培养。同时积极组织各类物流行业研讨会、展览会、招聘会等活动，为物流人才提供培训、交流、实践、就业的机会。通过物流人才的培养和全方位创新，增强物流业自主研发能力，打破技术壁垒，加快自动化技术、数字化技术、移动互联网技术、人工智能技术、新材料技术等在物流领域的应用，推动物流行业自动化、智能化、数字化、柔性化、透明化进程。

7.5 打造绿色物流，推动可持续发展

物流中心城市的日常运营会消耗大量的能源，可能引发能源枯竭、尾气排放和废弃物处理等环境问题。为促进物流中心城市的可持续发展，需要优化产业结构，发展绿色物流。首先，发展绿色运输，推广使用节能和新能源汽车，倡导使用低油耗飞机，提升铁路和水路长距离大宗货物运输能力。其次，发展绿色包装，鼓励企业简化包装，引导包装重复使用和回收利用。再次，发展绿色流通加工，倡导专业化集中加工，以集约作业、规模作业方式提高资源利用效率。最后，发展循环经济，建立废弃物回收和再利用体系，对废弃物进行分类处理和无害化处理。同时，鼓励物流企业采用可再生和可降解的包装材料，减少废弃物的产生。

参考文献

[1] 深圳市交通运输局.深圳市交通运输局2022年工作总结和2023年工作计划—落实情况公开[A/OL].(2023-03-07)[2024-12-16]. https://jtys. sz. gov. cn/zwgk/ztzl/wgk/jggk/lsqkgk/content/post_10463082.html.

[2] 深圳市交通运输局.深圳交通运输数据发布-深圳市交通运输局(深圳市港务管理局)[A/OL].(2024-12-13)[2024-12-16]. https://jtys.sz.gov.cn/zwgk/sjfb/?ivk_sa=1024320u.

[3] HOU L, QIAN X, LIAO LZ. An interior point parameterized central path following algorithm for linearly constrained convex programming[J]. Journal of Scientific Computing, 2022, 90(3): 1-31.

[4] AMBROSINO D, CERRONE C. A rich vehicle routing problem for a city logistics problem[J]. Mathematics, Multidisciplinary Digital Publishing Institute, 2022, 10(2): 191.

[5] ZHANG L, LU S, LUO M. Optimization of the storage spaces and the storing route of the pharmaceutical logistics robot[J]. Actuators, Multidisciplinary Digital Publishing Institute, 2023, 12(3): 133.

[6] LI M, SHI Y, LI M. Solving the vehicle routing problem for a reverse logistics hybrid fleet considering real-time road conditions[J]. Mathematics, Multidisciplinary Digital Publishing

Institute, 2023, 11(7): 1659.0106767028.

[7] 杨洁, 田钊, 刘国宁. 物流中心多AGV无碰撞路径规划[J]. 机械设计与制造, 2022(8): 271-277,281.

[8] 刘琳, 贾鹏, 高犇, 等. 新鲜度限制约束下物流配送中心选址-路径优化[J]. 包装工程, 2022, 43(5): 232-241.

[9] 李珍萍, 赵雨薇, 张煜炜, 等. 共同配送选址-路径问题及大邻域搜索算法[J]. 系统仿真学报, 2021, 33(10): 2518-2531.

[10] ZHOU J, JIANG Y, SHEN Y, et al. Intermodal hub-and-spoke logistic network design with differentiated services: The case of China Railway Express[J]. Information Sciences, Elsevier, 2022, 612: 796-815.

[11] RUSSO S M, VOEGL J, HIRSCH P. A multi-method approach to design urban logistics hubs for cooperative use [J]. Sustainable Cities and Society, 2021, 69: 102847.

[12] 吴桐雨, 王健. 基于多层复杂网络的物流枢纽城市多尺度分析及发育评价[J]. 交通运输系统工程与信息, 2019, 19(1): 33-39.

[13] 蒋自然, 雷丽萍, 金环环, 等. 中国陆港型物流枢纽时空演化及其驱动因素[J]. 地理科学, 2022, 42(11): 1857-1866.

[14] 王英辉, 吴济潇, 赵书润, 等. 基于第四方物流的运输型物流枢纽整合优化[J]. 铁道运输与经济, 2022, 44(6): 56-62.

[15] 姚冠新, 范雪茹, 刘路, 等. 枢纽经济视域下的物流枢纽服务和综合交通运输一体化发展的仿真优化[J]. 系统工程, 2021, 39(2): 101-110.

[16] MÜLLER J P, ELBERT R, EMDE S. Intermodal service network design with stochastic demand and short-term schedule modifications [J]. Computers & Industrial Engineering, 2021,159: 107514.

[17] ZHANG D, HE R, LI S. A multimodal logistics service network design with time windows and environmental concerns [J]. PLOS ONE, Public Library of Science, 2017, 12(9): e0185001.

[18] 毛保华, 曾玮, 李佳杰. 一种基于联运产品服务效率的运输收益清算方法[J]. 交通运输系统工程与信息, 2019, 19(3): 34-40.

[19] 张晓晴, 高天航, 郭胜童, 等. 舟山江海联运服务中心船舶燃供潜在市场规模测算[J]. 中国航海, 2021, 44(3): 51-55.

[20] ZOLKIN A L, FAIZULLIN R V, DRAGULENKO V V. Application of the modern information technologies for design and monitoring of business processes of transport and logistics system [J]. Journal of Physics: Conference Series, IOP Publishing, 2020, 1679(3): 032083.

[21] BIN H, ZHAO F, XIE G. Crowd-sourcing a way to sustainable urban logistics: what factors influence enterprises' willingness to implement crowd logistics?[J]. IEEE Access, 2020, 8:64-75.

[22] 薛佳艺, 李玲龙, 任依玲, 等. 低碳生态环境下绿色物流管理策略的实施细则[J]. 环境工程, 2022, 40(11): 276.

[23] 蒋思, 方斯顿. 面向"双碳"目标的物流中心微电网能效管理研究综述[J]. 上海交通大学学报, 2023, 57(7): 769-780.

[24] 刁姝杰, 匡海波, 孟斌, 等. 基于后悔理论的港口存货融资质押率与物流服务努力水平联合决策[J]. 系统工程理论与实践, 2021, 41(12): 3304-3320.